U0524976

本书获得国家自然科学基金青年基金（71503263）的资助。

人民币有效汇率重估及中国对外竞争力再考察

——基于全球价值链视角

杨盼盼 李晓琴 徐奇渊 著

RE-ESTIMATING RMB EFFECTIVE EXCHANGE RATE AND
RE-EVALUATING EXTERNAL COMPETITIVENESS OF CHINA:
A GLOBAL VALUE CHAIN PERSPECTIVE

中国社会科学出版社

图书在版编目(CIP)数据

人民币有效汇率重估及中国对外竞争力再考察：基于全球价值链视角 / 杨盼盼，李晓琴，徐奇渊著. —北京：中国社会科学出版社，2020.6
（国家智库报告）
ISBN 978-7-5203-6548-2

Ⅰ.①人… Ⅱ.①杨…②李…③徐… Ⅲ.①人民币汇率—研究 Ⅳ.①F832.63

中国版本图书馆 CIP 数据核字（2020）第 087102 号

出 版 人	赵剑英
项目统筹	王 茵
责任编辑	李海莹　周　佳
责任校对	刘 洋
责任印制	李寡寡

出　　版	中国社会科学出版社
社　　址	北京鼓楼西大街甲 158 号
邮　　编	100720
网　　址	http://www.csspw.cn
发 行 部	010-84083685
门 市 部	010-84029450
经　　销	新华书店及其他书店

印刷装订	北京君升印刷有限公司
版　　次	2020 年 6 月第 1 版
印　　次	2020 年 6 月第 1 次印刷
开　　本	787×1092　1/16
印　　张	11.75
插　　页	2
字　　数	120 千字
定　　价	65.00 元

凡购买中国社会科学出版社图书，如有质量问题请与本社营销中心联系调换
电话：010-84083683
版权所有　侵权必究

摘要： 本书测算了加总及全口径分行业人民币有效汇率，包含了可贸易品部门和不可贸易品部门在内的33个行业，采用增加值有效汇率的测算方法以更好地体现人民币对外竞争力。研究发现，加总来看，人民币汇率在经过增加值贸易调整之后的升值幅度比传统有效汇率的升值幅度更高。分行业来看，不同于传统理解，部分不可贸易品行业的有效汇率升值幅度同样较高，其升值幅度甚至高于某些可贸易品行业，需要关注不可贸易品行业的对外竞争力变化及其理论和政策含义。在中国不断融入全球价值链和进一步对外开放的进程中，重估后的基于增加值的有效汇率应当作为理解人民币对外竞争力和面临外部冲击的重要工具。

本书建立了基于世界投入产出表数据的增加值核算模型和基于增加值的有效汇率模型，在模型的基础上重估了加总的和全口径分行业的基于增加值的人民币有效汇率，并形成了人民币增加值有效汇率数据库，发布于中国社会科学院世界经济与政治研究所异质性有效汇率数据库页面：http：//www.iwep.org.cn/iwepheer/。

由加总的人民币增加值有效汇率视角，本书有如下发现：第一，人民币增加值有效汇率的样本期内升值幅度高于传统有效汇率，即传统有效汇率可能高估人民币对外竞争力；第二，这一差异来源主要是美、欧权重调升和东亚国家和地区权重调降，上述权重的变化对于理解竞争力变化和外部贬值冲击影响十分重要；第三，首次在文献中比较了传统有效汇率和增加值有效汇率在进口竞争、出口直接竞争和出口第三方竞争权重上的差异，两者存在显著不同。

由分行业的人民币增加值有效汇率视角，本书有如下发现：第一，从国际收支的服务贸易、境外附属机构服务贸易和附着在可贸易品上的服务三个角度阐释了测算包含服务业的全口径分行业人民币增加值有效汇率的必要性；第二，基于测算发现可贸易品行业和不可贸易品行业之间以及内部均存在异质性。这种差异性不仅仅存在于可贸易行业和不可贸易行业之间，在可贸易行业内部和不可贸易行业内部也存在；第三，基于全口径分行业增加值有效汇率，可以直接得出包括产品流通、运输在内的不可贸易品部门有效汇率升值将直接推高总体人民币有效汇率水平的结论，这一发现拓展了"巴拉萨－萨缪尔森效应"研究中分析可贸易品中不可贸易品作用的文献。

在数据的运用方面，本书基于所测算的增加值数据对国际宏观经济政策的协调做一简单拓展，以增加值而非传统贸易重估了外国需求对本国的冲击，继而重新分析了在考虑增加值背景下蒙代尔－弗莱明模型所蕴含的国际宏观经济政策协调含义。

本书的研究有明确的政策含义。一方面,传统有效汇率的测算方法在垂直分工的背景下,得出的权重是有偏误的。因此,应当同时考虑重估后的增加值有效汇率,以分析对外竞争力变动和汇率冲击变动。另一方面,随着改革开放的进一步深化,中国将进一步地开放服务业,对外开放将更多地呈现"贸易－投资－服务"三位一体的格局,因此,传统仅专注于制造业的有效汇率测算是不足的。本书构建全口径的增加值有效汇率将更科学、更全面地测算这些行业的外部竞争力,为相关决策提供参考。

关键词：基于增加值的有效汇率；可贸易品；不可贸易品；全球价值链

Abstract: This book has computed aggregated and industrial level RMB effective exchange rates (EER). It provides a comprehensive dataset for 33 industries covering tradable and non-tradable sectors and uses value-added method to construct EER to promote better understanding of China's external competitiveness. This book shows that RMB appreciates more after adjusting weights by global value chain from aggregated perspective. Opposite to the conventional wisdom, some non-tradable sectors also have high appreciation level. This provides new policy and theoretical insights into the competitiveness of non-tradable sectors. With a higher integration of global value chain and further opening-up, Chins should consider using value-added EER as important measurements of RMB external competitiveness and external shock.

This book has established value-added accounting model based on WIOT and value-added effective exchange rate model. Based on the two models, we have computed aggregated and industrial level RMB effective exchange rate (EER). It provides a comprehensive dataset for 33 industries covering tradable and non-tradable sectors and uses value-added method to construct EER to promote better understanding of China's external competitiveness. We have established RMB GVC Effective Exchange Rate database and has updated the database on the IWEP HEER webpage: http://www.iwep.org.cn/iwepheer/.

This book has three major findings from aggregated level data. Firstly, RMB appreciates more after adjusting weights by global value chain from aggregated perspective. The traditional effective exchange rate might overestimate the external competitiveness of RMB. Secondly, this difference mainly comes from the upward adjustment of EU and US weight and the downward adjustment of Asian countries weight. This change is important in understanding the change of external competitiveness and external depreciation shocks. Thirdly, we compare firstly in the literature that traditional EER and value-added EER display differently in import competitiveness, export direct competitiveness and export third market competitiveness.

This book has three major findings from industrial level data. Firstly, we explain the necessity to construct comprehensive industrial level EER through the channels of traditional service trade, FATS and services in goods. Secondly, there are heterogeneities between and among tradable and non-tradable sectors. Thirdly, based on the comprehensive EER, we can directly see how non-tradable sectors push up the aggregated exchange rate, adding new insights into the so called Balassa-Samuelson effect.

With regarding to the application of the data, this book makes a simple expansion to the coordination of international macroeconomic policies based on the value-added data. We re-evaluate the impact of foreign demand on the domestic economy with value-added data rather than traditional trade data, and then re-analyse the implication of the international policy coordination based on Mundell-Fleming model in the context of value-added.

The research in this book has clear policy implications. On the one hand, the traditional effective exchange rate measurement method is biased in the context of vertical division of labor. Therefore, the revaluated effective exchange rate of the added value should be considered when analyzing external competitiveness and exchange rate shocks. On the other hand, with the further deepening of reform and opening up, China will further open up the service industry, and move on to the so-called "trade-investment-service" trinity. Therefore, it is not enough to only look at manufacturing effective exchange rate. The book builds a comprehensive value-added effective exchange rate to measure the external competitiveness of these industries and provides reference for relevant decisions.

Key words: Value-Added Effective Exchange Rate, Tradable Goods, Non-Tradable Goods, Global Value Chain

前　言

有效汇率（Effective Exchange Rate，EER）对一国对外经济政策制定非常重要。无论是评估对外竞争力，还是全球失衡的再调整，抑或对人民币汇率是否被低估、高估的讨论，都离不开对有效汇率的评估。

而在全球生产网络日益拓展的今天，基于传统贸易流数据构建的传统有效汇率，越来越难以适应这一重要的现实变化。iPhone 手机就是一个全球生产网络的产物，中国每年向美国出口数十亿美元计的 iPhone 手机。而在生产线组装产品之前，中国需要从日本进口 NAND 闪存，为了生产闪存，日本厂商反过来又需要从中国进口半导体组件。类似地，中国生产线组装苹果手机，引发了东亚地区大量的中间品贸易，诸如摄像头、触摸屏、闪存、半导体组件等。

从 iPhone 手机的生产全过程来看，中国和其他东亚国家的中间品贸易额，可能是中国向美国出口手机金额的多倍。但是，如果只是以这种传统的贸易金额来评价哪个贸易伙伴更加重要，则在一定程度上对中间品贸易的金额进行了重复计算，从而必然高估了中间品贸易的重要性。实际上在这个例子当中，所有的中间品贸易都是由美国的进口需求引致的。最终需求的重要性不言而喻。

正如 Klau 和 Fung 所指出的，"忽略垂直分工的贸易权重可能带来偏差"，因为"从加总的贸易数据中得到的权重不能很好地反映不同来源的增加值"，这会导致"在有效汇率篮子中，对贸易伙伴重要程度赋予的权重发生错误"（Klau，Fung，2006）。从中国的角度来看，在 iPhone 的例子中，中国与日本、韩国等东亚国家的中间品贸易往来关系密切——这时候，基于传统贸易流的有效汇率权重将可能夸大这些国家货币的权重，而低估美国、欧洲等以最终需求为主的国家或地区的货币权重。东亚地区的区域生产网络较为发达，Klau 和 Fung 在其中特别强调了这一错配现象在东亚地区尤为严重，这意味着在分析中国与东亚地区贸易伙伴的经贸关系时，更有可能产生上述类型的偏误。这种偏误同时存在于手机制造这一行业以及加总贸易流之中，造成对行业有效汇率和加总层面有效汇率的错误估计，继而影响对总体出口竞争力的评估。

全球价值链研究的发展为有效汇率的研究注入了

全新的血液，使得重估有效汇率成为可能。由于构造有效汇率权重本身即涉及贸易流的数据，而全球价值链研究在一定程度上对全球贸易流进行了重新核算，基于增加值贸易的有效汇率核算就自然而然地产生了。由于垂直分工在全球贸易中发挥着愈来愈重要的作用，很多时候一国的进口并非为了最终消费，而是为了出口，在这种情形下，以加总贸易流为基础的传统有效汇率就不再是一个衡量一国对外竞争力的有效指标，而是会产生偏差，进而对相关政策的制定产生误导。

在这些背景下，研究基于全球价值链的有效汇率有两方面的意义：第一，更准确的评估、反应相关贸易伙伴的重要性，进而更准确地评估本国汇率变化带来的竞争力变化。第二，基于全球价值链的有效汇率与传统的有效汇率相比，能够更好地反映各个贸易伙伴国的重要性，因为它不再基于"各国在本国范围内进行完整的生产、随后进行国际贸易"的假定，而是认为各国将在全球价值链的每一个环节开展竞争。

除此之外，垂直分工和增加值贸易还带来了全球贸易领域的新变化，国际贸易不再是简单的货物贸易。这一发展趋势已有多年，如今越来越受到重视。这不仅体现为国际贸易中"贸易－投资－服务"三位一体的格局初步形成，在国际贸易规则中，对于服务贸易及投资规则的设定也日趋增多。这一趋势意味着，传统认为的"不可贸易品"正在日趋可贸易化。传统有效汇率对这一趋势的考虑仍然较少，在加总有效汇率层面，研究主要关注可贸易品，或是不对可贸易品和不可贸易品加以区分；而在分行业有效汇率层面，研究则主要侧重于可贸易行业，服务贸易及相关数据的可得性存在困难。

不可贸易品的"可贸易化"可以通过三个途径得以实现：第一，不可贸易品本身的跨境流动，例如各类性质服务贸易的日益发展；第二，在境外建立商业机构，为非本国消费者提供服务；第三，不可贸易品如相关服务附着在可贸易品上，实现跨境流动，即前述所谓的"贸易－投资－服务"三位一体的格局。传统视角主要集中在第一条途径，而对第二和第三条途径关注较少。由于增加值数据全面包含国民经济中制造业和服务业的信息，因此基于增加值贸易的有效汇率能够测算一国可贸易品及传统认为"不可贸易品"的对外竞争力，从而可以为身处全球价值链中的国家提供更完善的对外竞争力评估。

传统有效汇率已经不能反映全球价值链日趋发展的现状，基于增加值的有效汇率正是在这一背景下应运而生。目前，已经有学者从不同角度对基于增加值的有效汇率进行测算，为基于增加值的有效汇率研究提供了坚实的基础。在学者们研究的基础上，本书对基于增加值的人民币有效汇率进行研究。本书的目标不是创新基于全球价值链的有效汇率测算，而是关注基于全球价值链的人民币有效汇率测算，尤其是包括不可贸易品部门分行业增加值有效汇率的测算及其相关政策含义。因此，本书将测算的基于全球价值链的人民币有效汇率，包含可贸易品和不可贸易品部门，共计33个行业，并分析加总的和不同行业的有效汇率变动趋势。

本书的结构安排如下：第一部分绪论总结研究现状、介绍本书的基本思路、内容、观点和创新之处；第二部分介绍有效值汇率的研究现状，包括传统有效汇率、基于增加值的有效汇率和增加值核算方法；第三部分对增加值数据进行测算，并介绍其数据来源；第四部分测算加总基于增加值的人民币有效汇率，并与传统有效汇率进行比较；第五部分测算33个行业基于增加值的人民币有效汇率并分析其含义；第六部分对增加值有效汇率进行进一步讨论；第七部分基于增加值数据进行进一步拓展分析；最后对全书进行小结。

目 录

一 绪论 …………………………………（1）
    （一）研究目标和主要内容 ………………（1）
    （二）主要观点和创新之处 ………………（13）

二 研究现状 ……………………………（19）
    （一）传统有效汇率 ………………………（19）
    （二）基于增加值的有效汇率 ……………（23）
    （三）增加值核算方法 ……………………（27）

三 人民币增加值有效汇率的测算方法与数据 ……………………………………（30）
    （一）增加值有效汇率的测算方法 ………（30）
    （二）增加值数据的测算方法 ……………（36）
    （三）主要数据 ……………………………（38）

四 加总有效汇率 ……………………………… （40）
  （一）加总有效汇率 ……………………………… （40）
  （二）与传统有效汇率的比较 …………………… （45）
  （三）差异来源 …………………………………… （47）

五 分行业有效汇率及向不可贸易行业的拓展 ……………………………………………… （50）
  （一）全口径的含义 ……………………………… （50）
  （二）分行业：可贸易品 vs 不可贸易品 ……… （53）
  （三）对"巴拉萨－萨缪尔森效应"的拓展 …………………………………………… （57）

六 增加值有效汇率的进一步讨论 ……………… （60）
  （一）加总层面传统有效汇率和增加值有效汇率差异的政策含义 ……………………… （60）
  （二）竞争力的分解 ……………………………… （63）

七 基于增加值数据的拓展分析 ………………… （68）
  （一）全球价值链与国际宏观经济政策协调 …………………………………………… （68）
  （二）全球价值链与国际宏观经济政策溢出效应的理论分析 ……………………… （71）

（三）全球价值链与国际宏观经济政策溢出
效应的具体分析 …………………………（88）

结　论 ………………………………………………（99）

附　录 ………………………………………………（102）

参考文献 ……………………………………………（161）

一　绪论

（一）研究目标和主要内容

1. 本书的研究目标

本书的研究目标包括以下四个方面。

第一，基于增加值的有效汇率理论模型，以此反映国家间在全球价值链各个环节的竞争力。该模型将同时适用于加总和分行业情形，有助于构建全面的人民币增加值有效汇率指标。该模型将生产和消费不同种类的增加值（而非最终产品）体现在产出和偏好的函数之中，为增加值有效汇率的测算提供了理论基础。

第二，建立测算全球各国增加值数据的理论模型，为计算基于增加值有效汇率的权重奠定数据基础。本书将采用非常完整而全面的分解方法，对世界投入产出表进行全面的分解，将全球各国的GDP按照全球价值链分解为各国的增加值收入，追踪生产过程中的所有直接和间接环节。除了用于本书的研究，研究构建的 1995—2011 年 40 个国家 35 个行业的增加值数据库本身也具备非常广泛的应用前景。

第三，测算基于增加值的人民币有效汇率。在理论研究推导出的增加值有效汇率公式的基础上，本书将测算加总的和分行业的增加值人民币有效汇率。其中，加总部分增加值人民币有效汇率包括三种类型：所有部门加总、可贸易品部门加总和不可贸易品部门加总，这一测算可以分别衡量所有部门、可贸易品部门和不可贸易品部门的对外竞争力。分行业增加值人民币有效汇率包含了 33 个行业，既涵盖了传统有效汇率较为关注的制造业，也包含农业、服务业。本书将为这些行业的竞争力分析提供一个全面一致可比的框架，能够更好地发现中国主要行业的对外竞争力变化情况。

第四，进一步分解中国对外竞争力。有效汇率反映着一国对外的竞争力，这一竞争力可以进一步地被分解为三个部分：进口竞争力、直接出口竞争力和第三方市场的出口竞争力。该分解有助于厘清中国对外竞争力的变动情况及在国别之间的差异，从而能更有针对性地制定相应提升竞争力的措施。

本书拟解决的关键问题有以下两个。

第一，构建理论模型，建立基于世界投入产出表的各国增加值数据库，为测算增加值有效汇率权重提供数据基础。这一数据库与公开数据库相比，有如下优势：时间连续且可更新，这使得本书能够更加科学地重估人民币增加值有效汇率权重，并且与传统的有效汇率更具可比性；行业全面，能够进行更为细致的分解研究，投入产出表能够分解出35个行业，其中中国有数据的有33个行业，能够对各行业的竞争力进行全面的评估；涵盖世界主要国家，时间覆盖长，可以促进增加值领域的其他相关研究。

第二，构建理论模型，建立基于增加值的有效汇率测算方法，结合增加值数据库，重估人民币增加值有效汇率。测算涵盖加总和分行业的人民币增加值有效汇率，包括总体、可贸易品部门、不可贸易品部门及33个行业，并同时衡量进口竞争力、直接出口竞争力及第三方出口竞争力，从而更精确和全面地测算和衡量中国对外竞争力的变化情况。在创新地重估基于增加值有效汇率的同时，保持这一汇率测算与传统有效汇率的可比性，进而增添其在政策制定中的说服力，为中国今后的汇率政策及对外竞争政策调整提供理论和经验依据。

2. 本书的主要内容

本书的研究内容主要包括七个方面，基本的逻辑关系如图1-1所示。

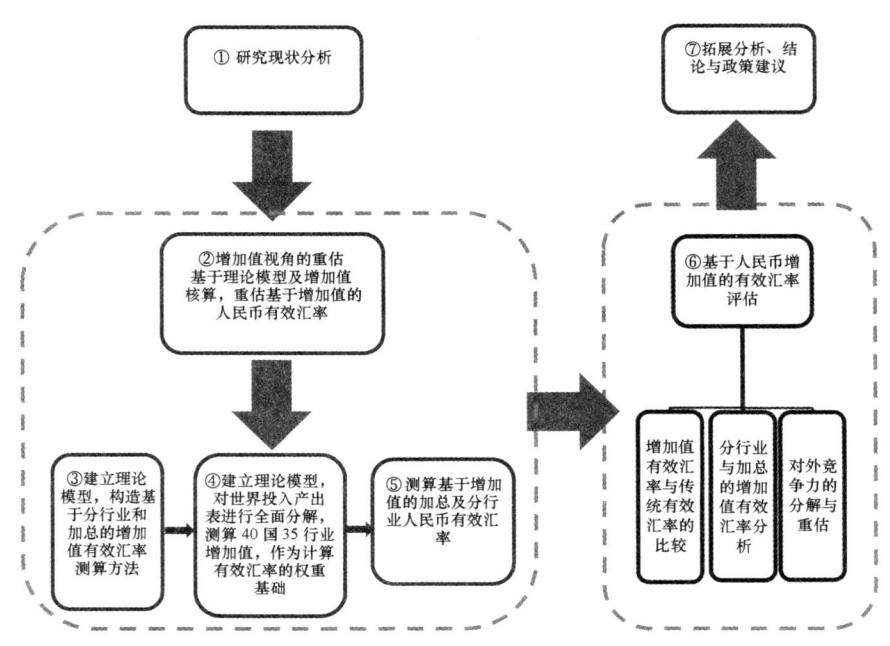

图1-1 本书研究内容的逻辑关系

（1）研究现状分析

由于本书的研究内容来自于国际金融学中的有效汇率和国际贸易学中的增加值核算两个交叉领域，因此，与本书相关的文献主要有三个方面，包括：传统有效汇率及其权重的测算方法，基于增加值的有效汇率以及权重的测算方法和增加值的核算方法。

第一，传统有效汇率及其权重的测算方法。本书将回顾发布传统有效汇率的两大国际机构国际货币基金组织（IMF）和国际清算银行（BIS）所采用的双重权重测算方法，重点讨论权重和贸易流的选取。本书还将综述测算传统人民币有效汇率的相关文献，文献中对有效汇率指数测算的改进包括：使用单位劳动成本作为价格平减指标、测算分行业乃至分企业的有效汇率、考虑竞争压力指数修订第三方市场竞争效应、测算金融实际有效汇率等。

第二，基于增加值的有效汇率以及权重的测算方法。本书将梳理和回顾基于增加值有效汇率的代表性文献，包括国外和国内的文献，这些文献从多个角度将增加值引入有效汇率的测算之中。

第三，增加值的核算方法。本书测算有效汇率权重的基础是增加值的核算。增加值核算方法由Hummels等率先发展，测算出一国从国际生产链中获得的增加值（Hummels et al.，2001）。之后，Koopman等人提出了KPWW方法（Koopman et al.，2008；2012a；2012b；2014；Koopman et al.，2010），Lejour等对这一方法提出了批评，认为最终总需求是更好的指标（Lejour et al.，2012）。Timmer等将全球GDP分解为各个国家的全球价值链收入（Timmer，2012；Timmer et al.，2012；2014），为全面系统地理解增加值提供一致的框架。他们的研究强调需求引致的特征，这使其非常适合运用于基于增加值的有效汇率研究之中。

（2）增加值视角的有效汇率重估

基于增加值视角的人民币有效汇率重估是本书研

究的核心部分，它包括两个理论模型构建、完整的增加值数据库构建以及多个维度的基于增加值人民币有效汇率的测算。

第一个理论模型在市场出清的条件下推导出基于增加值的有效汇率公式。这一模型的经济学含义是国家生产不同种类的增加值（而非最终产品），消费者消费不同种类的增加值，国家间在全球价值链的各个环节展开竞争。这一模型推导出的基于增加值的有效汇率公式与传统的有效汇率公式类似，但是在用于测算权重的数据选取上，用增加值数据替代了传统的加总贸易流数据。

第二个理论模型的推导结果能够利用世界投入产出表测算全球主要国家的增加值数据。这一模型将全球各国的 GDP 按照全球价值链分解为各国的增加值收入（value-added income），是非常完整而全面的分解方法。这一增加值数据的测算，将被用于计算基于增加值的有效汇率。在此基础上，本书将构建涵盖 1995—2011 年全球 40 个国家 35 个行业的增加值数据库。

在上述理论模型和数据支持的基础上，本书将测算分行业和加总的基于增加值的人民币有效汇率，并对其特征进行分析。本书的有效汇率包含了可贸易品及传统被视为"不可贸易品"的行业，而后者在当今全球化过程中已经不同程度地变得可贸易起来。传统的分行业有效汇率仍主要着眼于加总的贸易流，对基于增加值的分析仍然较少。

（3）建立理论模型构造基于增加值的有效汇率测算方法

由于传统的有效汇率测算体系存在着问题，贸易权重忽略了垂直分工继而会带来偏差，从传统的加总贸易数据中得到的权重并不能很好地反映不同来源的增加值，进而对贸易伙伴的重要性产生误判，据此得出的有效汇率也就不能很好地衡量一国的对外竞争力。

本书通过建立理论模型，构造出基于增加值的有效汇率公式，有助于更好地衡量各国在全球价值链各个环节的竞争水平。这一模型具备如下特点：第一，其最终形式与传统有效汇率的测算公式类似，但是权重数据选取了增加值数据而非传统的加总贸易流数据，这在一定程度上保证了基于增加值有效汇率与传统分析的可比性，又可以很清楚地将二者的差异区分开来，这对于政策比较分析非常有益；第二，可以同时用于分析加总和分行业的增加值有效汇率测算；第三，有效汇率可以进一步分解为三个部分：进口竞争、出口双边直接竞争和第三方竞争，以全面地衡量对外竞争力。

(4) 建立理论模型构造基于世界投入产出表的增加值核算方法

为了计算基于增加值有效汇率的权重，本书需要测算全球各国增加值的数据。虽然本书的关注重点是人民币有效汇率，但是实质上，由于本书同时考虑了进口竞争、出口竞争及第三方市场竞争效应，因此，本书需要计算全球各国的增加值数据，而非仅限于与中国产生贸易往来的双边数据。

理论模型的设定从世界投入产出表（World Input-Output Table，WIOT）触发，根据世界投入产出表的定义和形式，推导出列昂惕夫逆矩阵的形式，最终得到所有直接和间接的生产活动以匹配最终需求。本模型得出的增加值分解是非常完整而全面的，它反映出国际生产分割（International Production Fragmentation，IPF）各个环节中产品的价值。

在此基础上，本书将构建出40个国家和地区以及世界剩余其他国家1995—2011年35个行业的增加值数据库，这一数据并构成本书测算基于增加值的人民币有效汇率的数据基础。同时，这一数据库也具有广泛的应用前景。

(5) 测算基于增加值的人民币有效汇率

在上述理论模型和增加值数据库的基础上，本部分将测算出用于计算人民币增加值有效汇率的权重。

随后基于人民币双边月度名义汇率，利用基于增加值人民币有效汇率的权重进行几何平均，在选定基期之后，测算出基于增加值人民币有效汇率的月度数据。具体的，投入产出表可以提供35个行业的增加值数据，但是对于中国而言，仅有33个行业数据是可获得的，"销售、维修机动车和摩托车；零售销售的燃料"（第19项），"家庭服务业"（第35项）数据是不可得的。因此，本书计划测算中国33个行业的增加值有效汇率。本书还将测算加总的增加值有效汇率，包括整体加总、可贸易品部门和不可贸易品部门的人民币增加值有效汇率。

当然，依据研究目的的不同，本书的研究可以很容易地扩展至其他频率的汇率，例如日度增加值有效汇率、年度增加值有效汇率。同样，本书也适合于其他国家的基于增加值的有效汇率测算。

（6）基于人民币增加值有效汇率的评估

在测算完人民币增加值有效汇率之后，本部分讨论人民币增加值有效汇率的相关含义，具体分为三个部分。

第一，加总视角：增加值有效汇率与传统有效汇率的比较。

IMF和BIS提供了人民币有效汇率的月度数据，它们是传统有效汇率的代表，本书研究对于增加值有效汇率的设定使之与传统汇率具有很强的可比性,继而在使用时也更有说服力。比较的核心是观察以传统有效汇率衡量的中国对外竞争力与以增加值有效汇率衡量的对外竞争力之间的差异。在将人民币增加值有效汇率同 IMF 和 BIS 的人民币传统有效汇率进行比较时,需要充分考虑这两个机构在构造权重时的差异,从而可以选择最合适的数据进行比照。

基于增加值有效汇率的权重构建方法与 IMF 的有效汇率相似。IMF 的权重框架将本国自产自销的产品也纳入权重的计算之中,这对于国内市场广大的国家而言尤为重要,同时也与增加值的概念更为契合。进一步的,IMF 同时考虑了产品贸易和服务贸易。因此,本书将 IMF 有效汇率与包括所有 33 个行业加总的人民币增加值有效汇率进行比较。BIS 有效汇率的选择专注于制造业产品,亦即可贸易品,这与本书构建的可贸易品部门的人民币增加值有效汇率概念更为契合,因此,本书将这两者进行比较。

第二,分行业视角:不同行业增加值有效汇率的差异。

本部分将分析 33 个行业的增加值人民币有效汇率,并讨论其特征。本书所构造的增加值数据库特性,使得我们可以全面地分析 33 个行业的增加值人民币有效汇率,这其中包含了可贸易品及传统被视为"不可贸易品"的行业，而后者在当今全球化过程中已经不同程度地变得可贸易起来。此外，传统的分行业有效汇率仍主要着眼于加总的贸易流，对基于增加值的分析仍然较少。对中国而言，在所有主要行业中构建分行业的增加值人民币有效汇率是十分必要的。第一，伴随着以开放促改革进程的进一步深化，中国的服务业将更加开放，而外商直接投资（FDI）和对外直接投资（ODI）都将进一步活跃，基于增加值的分行业有效汇率能够测量这些领域的对外竞争力，从而为政策制定提供参考。第二，在人民币汇率形成机制改革不断深化的背景下，人民币汇率的波动与之前相比将更加剧烈，因此，有必要分析不同行业受到的不同水平冲击。第三，随着中国进一步融入全球价值链，有必要沿着价值链各个部分考察中国各行业的对外竞争力。

具体而言，本部分计划将33个行业的增加值有效汇率升值幅度进行排序，得到不同行业升值幅度的差异，并总结其与所处行业性质、开放程度的关联。更进一步地，本部分还将分析在各个行业中对于人民币而言最为重要的前五大经济体，并归纳其内在联系。

第三，对外竞争力的分解与重估。

有效汇率本身即是衡量一国对外竞争力的重要指标，但是，仅依据有效汇率并不足以全面分析对外竞争力，对其进行分解，能够获得更多的信息。根据理论模型部分推导出的增加值有效汇率公式，人民币增加值有效汇率权重可以被进一步地分解为三个部分，以反映不同的竞争来源：进口竞争力，即中国企业在中国市场上同外国企业进行竞争的竞争力；直接出口竞争力，即中国企业在出口目标市场上与出口目标国国内企业竞争的竞争力；第三方市场的出口竞争力，即中国企业在出口目标市场上与其他来自其他国家企业竞争的竞争力。对于中国对外竞争力的评估可以基于这三个不同的竞争来源进一步展开。过去的研究往往将重点放在直接出口竞争环节，本书还将全面考量进口竞争和在第三方市场上与其他国家之间的竞争关系。除此之外，本部分还将比较中国与各个国家在这三方面的竞争差异，并挖掘其背后的政策含义。

（7）拓展分析、结论与政策建议

在本部分，本书首先尝试探索就所测算的增加值数据对国际宏观经济政策的协调做一简单拓展。基于增加值而非传统贸易对外国需求对本国的冲击进行重估，继而重新分析了在考虑增加值背景下蒙代尔－弗莱明模型所蕴含的国际宏观经济政策协调含义。

随后，本部分将对本书的主要研究结论进行梳理，并梳理相关政策含义。一方面，随着改革的深入，中国将会进一步地开放服务业部门，传统的相对不可贸易部门将面临更多外部冲击,所以,专注于传统制造业的有效汇率是不够精确的。构建服务业领域的有效汇率将更好地衡量其外部竞争力。另一方面,在垂直分工的背景下,测算权重时选取加总贸易流,使得传统有效汇率得出的权重是有偏的。本书基于增加值的重新测算将全面重估中国的对外竞争力,当前,国际宏观经济政策协调非常关注各国的对外竞争力,人民币汇率的合理水平是其中重要的部分,本书构建出的基于增加值的有效汇率指标具有重要参考意义。

(二) 主要观点和创新之处

基于世界投入产出表,本书构建了加总和分行业的人民币增加值有效汇率。本书的主要观点和创新之处可以基于加总的人民币增加值有效汇率和分行业的人民币增加值有效汇率两方面加以总结。

从重估加总的人民币增加值有效汇率视角看,本书得出以下观点。

第一,传统有效汇率可能高估人民币对外竞争力。人民币增加值有效汇率在本书样本期内(1999—2016年)的升值幅度高于传统有效汇率。在样本期内,人民币被低估了大约8到12个百分点。换言之,基于增加值数据调整有效汇率权重后,人民币的升值幅度显著提升。

第二，贸易伙伴的相对重要性变化影响汇率冲击的结果。有效汇率差异来源主要是美欧权重调升和东亚国家和地区权重调降，这一变化对理解对外竞争力变化和外部贬值冲击影响十分重要。当欧美国家货币贬值时（如出现金融危机），人民币增加值有效汇率升值幅度将高于传统有效汇率的升值幅度，传统有效汇率低估了人民币的升值幅度；当东亚地区经济体货币集体贬值时，重估后的人民币增加值有效汇率升值幅度将低于传统有效汇率的升值幅度，传统有效汇率高估了人民币的升值幅度。

本书模拟了三种外币贬值的情形，即欧美国家和东亚地区经济体货币分别贬值10%、20%和40%的情形。控制其他条件，在上述三种情形下，传统有效汇率和重估后的增加值有效汇率产生了差异。传统有效汇率在欧美国家货币贬值时将使人民币升值幅度分别被低估0.63、1.25和2.49个百分点，在东亚地区经济体货币贬值时分别被高估0.81、1.59和3.08个百分点。当前，汇率改革正在进一步深化，经济政策应进一步关注增加值有效汇率带来的权重变动和重估后的人民币有效汇率带来的变动。

第三，增加值有效汇率的竞争力分解与传统有效汇率并不相同。本书首次在文献中比较了传统有效汇率和增加值有效汇率在进口竞争、出口直接竞争和出口第三方竞争权重上的差异。从竞争力分解看，中国在出口市场面临的来自当地企业的竞争压力最大，在第三方市场面临的别国竞争压力次之，在国内市场面临的别国竞争压力最小，这一竞争压力情形与传统有效汇率的分解有显著不同。

从权重的国别分解情况看，不同国家与中国的竞争关系不同。对中美的竞争关系而言，两国的出口竞争主要源于在美国市场的直接竞争，这与欧元区国家的情形有所不同。中国在欧元区进口竞争和第三方市场竞争的压力均大于美国，这意味着中国企业在国内面临来自欧元区国家的压力要大于来自美国的压力。这一进口竞争压力在东亚国家中体现得更加明显，中国大陆市场上来自日本、韩国和中国台湾企业的竞争压力均大于中国企业在三个市场上给当地企业施加的压力。

进一步比较传统有效汇率和增加值有效汇率在进口竞争、出口直接竞争和出口第三方竞争权重上的差异可以发现，相比传统有效汇率，增加值有效汇率权重中出口直接竞争的权重显著上升，从原来的占比1/4上升至1/2，这一权重的上升主要对应出口第三方竞争权重的下降，出口第三方竞争权重的占比从原来的1/3下降至1/10，进口竞争的权重也有小幅下降。这意味着在考虑增加值贸易的影响后,人民币相对某国货币的升值,将显著削弱中国产品在该国市场上与该国产品的竞争力,但对中国产品与该国产品在第三方市场上竞争力的削弱要比使用传统有效汇率衡量时更少。从而,重估后基于增加值的有效汇率改变了以传统有效汇率衡量的各国之间因币值变动而产生的对外竞争力关系。

从重估分行业的人民币增加值有效汇率视角看,本书得出以下观点。

第一,测算和研究不可贸易品的有效汇率必要性显著上升。主要是由于不可贸易品正在变得可贸易,这一过程有三种不同的渠道:一是国际收支项下的服务贸易,也就是传统测算中考虑的服务贸易;二是通过境外附属机构实现的服务贸易(附属机构服务贸易,FATS),即在境外建立商业机构为非本国消费者提供服务,分为内向FATS(进口)和外向FATS(出口);三是附着在可贸易产品上的服务,具体在本书第五章第一节进一步阐述。

第二,可贸易品行业和不可贸易品行业有效汇率之间以及内部均存在异质性。研究表明,不同行业的人民币增加值有效汇率呈现不同的趋势,行业之间升值水平差异最高可达47%。这种差异性不仅存在于可贸易行业和不可贸易行业之间,在可贸易行业内部和不可贸易行业内部也存在。特别是伴随服务贸易跨境流动及"贸易-投资-服务"三位一体格局的形成，传统被视为不可贸易的行业将会在外部竞争中遭遇更大的汇率冲击，构建和评估不可贸易行业有效汇率的重要性上升。

第三，拓展了"巴拉萨-萨缪尔森效应"研究中分析可贸易品中不可贸易品作用的文献。本书发现，在第三产业中，与产品流通和运输相关的行业升值幅度较高，平均值和中值接近甚至超过第二产业升值水平。上述观察同汇率决定和"巴拉萨-萨缪尔森效应"研究中分析可贸易品中不可贸易品作用的文献有内在一致性。例如，在对新兴经济体的研究中，Devereux 考虑了服务可贸易品运输的物流部门，通过建立动态模型，研究发现东亚地区物流部门相对劳动生产率的下降会抑制可贸易部门的劳动生产率，从而抑制东亚国家的实际汇率升值（Devereux，1999）。在对高收入经济体的研究中，MacDonald 和 Ricci 分析了主要 OECD 国家的情况，他们发现物流部门相对劳动生产率的上升会带来实际汇率的升值（MacDonald，Ricci，2005）。但是，在这两篇文献的分析中，由于不能将附着在产品上的服务区分出来，因此采用劳动生产率作为替代。而本书通过对全口径分行业人民币增加值有效汇率的测算，可以直接得出包括产品流通、运输在内的不可贸易品部门有效汇率升值将直接推高总体人民币有效汇率水平的结论。这一发现有助于进一步研究可贸易品和不可贸易品在汇率决定中的作用以及分析拓展"巴拉萨－萨缪尔森效应"。

本书结论对中国有明确的科学含义。一方面，深化改革的进程，中国将会进一步开放和发展服务业，传统的相对不可贸易部门将面临更多外部竞争和冲击，因此有效汇率需要关注服务业。本书构建服务业领域的有效汇率将有助于更好地衡量中国的外部竞争力。另一方面，在垂直分工的行业环境下，传统有效汇率在测算权重时选取了加总贸易流，得出的权重是有偏的。根据本书基于增加值的贸易流的测算，传统有效汇率在样本期显著低估了人民币有效汇率的升值水平，从而高估了人民币的对外竞争力。特别是在面临极端性外部冲击时，仅使用传统有效汇率会因冲击来源地区不同而产生不同的偏误。因此，在分析中国对外竞争力和汇率冲击变动时，有必要同时考虑重估后的基于增加值的有效汇率，以便全面分析相关问题。

二 研究现状

本书的研究与三个方面的文献有关：传统有效汇率、基于增加值的有效汇率和增加值测算，下面将分三个部分进行综述。

（一）传统有效汇率

国际货币基金组织（IMF）和国际清算银行（BIS）是发布有效汇率的两个重要机构，两个机构发布的有效汇率权重均包含两个部分（Bayoumi et al., 2006; Klau, Fung, 2006）。以人民币有效汇率中的美元权重为例，权重的一部分来自于直接进口竞争，主要关注中国从美国的进口，其实质上反映中国厂商与美国出口商在中国本土市场的竞争。权重的另一部分来自于出口竞争，出口竞争又可以进一步地分解为两个部分：第一部分是直接出口竞争，考虑中国对美国的出口，这部分权重反映的是中国出口商和美国厂商在美国本土市场的竞争；第二部分是第三方市场竞争，反映的是中国与美国厂商在非中美市场即第三方市场的竞争。上述构造形成了有效汇率的双重权重系统。

尽管 IMF 和 BIS 都采纳了双重权重系统，但是在贸易流的选取上，二者仍然存在着差异。BIS 权重系统基于 Turner 和 Van't dack 的研究，他们的研究将重点放在贸易流上（Turner，Van't dack，1993），譬如哪些商品应当引入权重中，哪些则应当排除在权重以外。但是，对于权重本身，BIS 将直接进口和出口除以总进口和总出口得到相应的权重，这种设定考虑了进口和出口的相对重要性，但是没有考虑国内市场规模的因素。事实上，一国的国内市场将面临进口品的竞争，尽管这一竞争因素对于一些小型开放经济体可能没有那么重要，但是对于中国这样的大型经济体，由于其国内市场广阔，在衡量进口竞争时应当充分考虑进口产品和国内自产自销部分的竞争，因而仅仅考虑贸易流是不够的。

IMF 的权重系统（Bayoumi et al.，2006）则考虑了国内市场规模的因素，它的理论框架来自于 McGuirk（McGuirk，1987）[①]。在权重体系中，IMF 假设每个国

---

① Turner 和 Van't dack 及 McGuirk 都是对 Armington 研究（Armington，1969）的扩展。

家生产一种产品,在消费者的效用函数中,本国和外国产品满足不变替代弹性①。在这样的设定下,外国产品(如美国)、本国产品(如中国)将会出现在多个市场上,包括中国市场、美国市场及其他第三方市场,这意味着中国产品将在上述的任一市场上面临来自美国产品的竞争压力,其规模取决于美国产品在上述市场中的份额。因此,在IMF的定义中,计算权重的分母不再是加总的贸易流,而是一国消费的所有产品,这其中既包括国际贸易的部分,也包括自产自销的部分。由上述分析可知,IMF在权重设定方面比BIS更为合理。

BIS和IMF的差异不仅仅体现在权重上,在贸易流的选取上,二者同样存在着差异。IMF贸易流的选取(Bayoumi et al.,2006)包括了大宗商品、制造业产品和服务业产品,而BIS则只包含了制造业产品,具体来说包含了SITC分类下5-8类产品。BIS认为大宗商品是全球统一定价的,难以受到单个国家汇率波动的影响,而服务贸易的数据质量参差不齐,因此都被剔除出去。因此,在贸易流的选取上,IMF比BIS更为广泛,BIS的选择更为谨慎。

---

① 事实上,在Armington的初始框架中,并不存在不变替代弹性的假定,他考虑了m个国家n种商品的情况,并得到m*n的产品矩阵(Armington,1969),此后为了方便测算加总,才有了替代弹性的假定。

除了 BIS 和 IMF 之外，一些经济体的中央银行也公布有效汇率数据，其框架与 BIS、IMF 有延续关系，例如欧洲央行的有效汇率体系主要基于 BIS 框架（Buldorini et al.，2002），而英格兰银行则主要参考 IMF 框架（Lynch，Whitaker，2004）。

国内对人民币有效汇率的研究，一般是直接引用国际机构 IMF、BIS 等测算的人民币有效汇率。在人民币有效汇率测算方面，国内已有文献主要也是基于传统有效汇率的框架进行修正，黄薇和任若恩基于 IMF 方法测算了 1980—2007 年中国单位劳动成本（ULC），从而用 ULC 替代了原有的 CPI 物价指数，对人民币实际有效汇率进行了修正（黄薇、任若恩，2008）。依赖于相对可靠的数据与完善的方法论模型，测算的结果提供了一个在多边环境中研究中国国际竞争力以及汇率问题的工具。徐建炜和田丰利用传统权重方法计算了 2000—2009 年分行业实际有效汇率，并分析了名义有效汇率和相对价格有效汇率对人民币实际有效汇率的贡献，发现名义有效汇率对实际有效汇率的贡献超过 90%，发现分行业实际有效汇率指标明显优于加总层面的实际有效汇率，能够更加准确地揭示汇率与贸易的关系（徐建炜、田丰，2013）。徐奇渊等基于细分的贸易品，从商品差异化角度考虑了不同贸易伙伴对中国的竞争压力，用竞争压力取代了传统的贸易流数据作为有效汇率的权重。基于HS2002的6位码数据，使用竞争压力指数，对人民币第三方市场竞争效应的有效汇率权重体系、指数进行了修正（徐奇渊等，2013）。戴觅和施炳展基于企业－交易层面的海关贸易数据，测算了中国企业层面的有效汇率，并进一步测算了企业层面汇率风险的衡量指标——企业有效汇率的波动性，发现出口地与进口地的多元化有助于分散企业的汇率风险（戴觅、施炳展，2013）。肖立晟和郭步超关注了汇率波动对中国国际金融资产价值的影响，构建了中国金融有效汇率。通过匹配中国与主要经济体的双边金融联系，构建了金融资产权重，运用资产价格作为平减指数，首次测算中国的金融实际有效汇率，并分解了名义汇率与资产价格对金融实际有效汇率的贡献。结果表明，对于中国而言，金融实际有效汇率的波动主要源于名义汇率的波动，源于发达经济体的短期资本主要以套汇为目的，源于新兴经济体的则主要是以套利为目的（肖立晟、郭步超，2014）。

（二）基于增加值的有效汇率

Bems和Johnson基于全球投入产出表及其他数据，重新测算了各经济体增加值贸易数据，并在此基础上测算了增加值有效汇率的权重（Bems，Johnson，2012）。他们的研究能够将基于增加值的有效汇率写成一个形如传统有效汇率的形式，只是在权重的贸易流选取方面与传统有效汇率有所区别。Bayoumi等在传统有效汇率的基础上新增一个能够反映中间品投入的项目，修正了原有的有效汇率（Bayoumi et al.，2013）。Patel等建立了一个理论模型，放松替代弹性的假定，基于投入产出表数据测算基于增加值的有效汇率（Patel et al.，2014）。Bems和Johnson则放松了增加值的固定需求弹性假定，构建一个增加值有效汇率，研究价值链上通过货币贬值提升竞争力的效应（Bems，Johnson，2017）。这些文献的发展表明，增加值有效汇率正逐渐成为有效汇率研究的一个重要方向。

本书的研究将在上述研究的基础上进行。Bems和Johnson的研究（Bems，Johnson，2012）为基于增加值的有效汇率提供了一个理论框架，能够将基于增加值的有效汇率写成一个形如传统有效汇率的形式，只是在权重的贸易流选取方面与传统有效汇率有所区别，本书将延续Bems和Johnson的权重计算方法，但是与他们不同的是，本书将采用全球投入产出表作为获取增加值数据的唯一来源，以保证数据的一致性和可比性。同时，在计算权重时，本书计算了2008—2010年三年的平均值，这一做法和传统有效汇率的测算更加接近，使得本书的结果与传统有效汇率更加具备可比性，能够更好地比较基于增加值的有效汇率与传统有效汇率的差异。OECD 和 WTO 的增加值贸易（TiVA）数据库为理解增加值贸易提供了一个更好的框架，但是国际贸易数据本身并不足以提供完整的有效汇率权重，特别是对于中国这样的大型经济体而言，自产自销的部分非常重要，因此这一数据如何与基于增加值的有效汇率结合起来，还需要进一步的分析。Patel 等在基于增加值的有效汇率测算上实现了理论的突破，放松了替代弹性的假设并测算了分行业的替代弹性，是增加值有效汇率领域的重大创新（Patel et al.，2014）。但是，即便是在传统有效汇率领域，放松替代弹性假定进行的有效汇率测算也不多见，因此这一方法与传统方法的可比性较弱，并不容易对其政策含义进行分析解读。

国内关于全球价值链有效汇率的研究也开始出现，涉及测算的主要有张运婷（张运婷，2014）、盛斌和张运婷（盛斌、张运婷，2015）、牛华等（牛华等，2016）、倪红福（倪红福，2017）等。张运婷基于 Bems 和 Johnson 的方法（Bems，Johnson，2017）整理了主要国家的增加值有效汇率，并与传统有效汇率进行比较，其侧重点是加总层面的有效汇率，利用整理得到的 1990—2009 年主要国家附加值贸易数据，通过对传统的 REER 和 VAREER 进行比较，考察两者之间的差异，并对中国的实际汇率进行了分析，发现中国附加值出口的竞争力相对来说是在不断恶化的（张运婷，2014）；盛斌和张运婷测算了基于"任务"和"产品"的两类人民币有效汇率，并检验了有效汇率对净出口贸易的影响，其测算仍然主要基于加总层面，结果表明，基于全球价值链的人民币实际有效汇率与传统实际有效汇率差异明显，后者严重低估了中国在1999—2008 年间竞争力的恶化。此外，人民币实际有效汇率升值将显著减少中国的净出口贸易，基于"任务"的实际有效汇率的影响更明显（盛斌、张运婷，2015）；牛华等虽然测算了行业层面的增加值有效汇率，但主要关注的是制造业部门的有效汇率，且仅测算了 2000—2011 年的年度数据，以全球价值链为视角，利用总贸易核算方法对中国国家层面和制造业细分层面的实际有效汇率进行了测算，结论表明 1995—2011 年间国家层面和行业层面的实际有效汇率变化轨迹存在一定程度的相似性，基本呈现出先下降后上升的态势。但不同行业实际有效汇率在具体变化幅度与变化方向上却存在显著的异质性，国家层面的实际有效汇率无法反映这种差别（牛华等，2016）。倪红福的研究基于 Bems 和 Johnson 的框架（Bems，Johnson，2017），提出了基于产出、增加值和出口的全球价值链实际有效汇率理论框架，并进一步拓展到双边出口实际有效汇率新概念和新方法，重点关注了人民币有效汇率进一步分解至双边贸易伙伴时的经济含义（倪红福，2017）。

（三）增加值核算方法

对于全球价值链现象的观察和分析始于20世纪90年代初，这一称谓源自于Krugman等提出的"分割价值链"（Slice Up the Value Chain）（Krugman et al.，1995），不同学者对其有不同称谓：Bhagwati和Dehejia使用"万花筒式比较优势"（Kaleidoscope Comparative Advantage），Leamer则称之为"非本土化"（地点分散化），Antweiler和Trefler引入了"中间品贸易"（Intra-Mediate Trade）的概念（Feenstra，1998）。

随后，增加值的核算发展起来，Hummels等率先测算出一国从国际生产链中获得的增加值，并定义了衡量垂直分工（Vertical Specialization）的指标（Hummels et al.，2001），但是垂直分工并不是一个完整的指标，因为跨国的贸易并未被考虑在内（Daudin et al.，2011；Koopman et al.，2010；Koopman et al.，2012a；2012b；2014）。Koopman等人提出了KPWW方法，以完整地衡量增加值贸易，他们的模型基于国家间投入产出表，增加值贸易的测算来自于列昂惕夫逆矩阵乘以总出口和增加值的份额（Koopman et al., 2008；2012a；2012b；2014；Koopman et al., 2010）。Lejour 等对这一方法提出了批评，他们认为，如果最终的目标是"全面核算增加值贸易"，那么最终总需求是比总贸易更好的指标（Lejour et al., 2012）。Timmer 等基于世界投入产出表建立了全球价值链收入（GVC income）的分析，他们将一国的最终需求分解至国际生产分工中，每个国家的全球价值链收入被定义为他们从别国的最终需求中直接或间接获得的增加值收入（Timmer, 2012；Timmer et al., 2012；2014），在这一框架下，全球 GDP 可以被分解为各个国家的全球价值链收入。这一框架能够为全面系统地理解增加值提供一致的框架，同时其需求引致的内涵使其非常适合运用于基于增加值的有效汇率研究之中，因此，本书将采用这一方法作为有效汇率权重测算的基础。

伴随着增加值核算的发展，相关数据库也层出不穷，从各个角度支持全球价值链的研究，表 2-1 列出了目前研究全球价值链的主要数据库。

表2-1 研究全球价值链的主要数据库

	发布机构	数据来源	内含国家数	内含行业数	覆盖年份
UNCTAD-Eora GVC Database	UNCTAD/Eora	National supply-use and I-O tables	189	25—500	1990—2018
Inter-country-Input-Output model (ICIO)	OECD/WTO	National I-O tables	40	18	2005, 2008, 2009
Asian International I-O tables	Institute of Developing Economies (IDE-JETRO)	National accounts and firm surveys	10	76	1975, 1980, 1985, 1990, 2000, 2005
Global Trade Analysis Project (GTAP)	Purdue University	—	140	57	2004, 2007, 2011
World Input-Output Database (WIOD)	WIOD team	National and World Input-Output Table (NIOT & WIOT)	43	56	2013版：1995—2011；2016版：2000—2014

资料来源：笔者整理。

三 人民币增加值有效汇率的测算方法与数据

（一）增加值有效汇率的测算方法

增加值有效汇率测算的基础，是在充分理解有效汇率定义及特征的前提下，将增加值的特性融入至有效汇率的测算中。本书用于测算人民币增加值有效汇率的主要公式遵循了 Bems 和 Johnson 推导出的增加值有效汇率公式（Bems，Johnson，2012）。这一公式具有优美、精炼的特征。其在形式上与传统有效汇率相同，但在测算权重的数据选取上，用增加值替代传统的加总贸易流。它的经济学含义是，经济体生产不同种类的增加值（而非最终产品），消费者消费不同种类的增加值，经济体间在全球价值链的各个环节展开竞争。

Bems 和 Johnson 推导的这一公式有赖于多个假设，

特别是需要假定生产和需求弹性相等。本书同样遵循这一假定，原因是大部分传统有效汇率的测算均遵循这一假定。这使得遵循这一假定测算出来的人民币增加值有效汇率能够更好地与主流的传统有效汇率进行比较。此外，基于 Bems 和 Johnson 的稳健性检验，在放松弹性假定时，结果没有太大变化。

1. 增加值有效汇率权重体系测算方法

Bems 和 Johnson 构造了一个模型来计算增加值有效汇率（Bems，Johnson，2012），模型强调经济环境中三个基本要素：最终产品的偏好函数、总产出的生产函数以及市场的出清条件。模型中产出是一个加总的 Armington 差异产品，它同时被视为最终产品和中间投入，偏好和产出函数为常替代弹性（CES）函数形式或其嵌套形式。原始模型中一开始假定偏好和产出的弹性不相等，不过在推导有效汇率的表达式时，所有弹性被假定为同一数值。在一个 n 个经济体构成的系统中，$i,j,k \in (1,\cdots,n)$ 表示不同的经济体，实际增加值有效汇率（RVEER）的对数差分形式表示为[①]：

[①] 在 Bems 和 Johnsons 的原始公式中，将所有价格都转化为一种货币表示，所以在原公式中没有名义汇率这一项，本书的（3.1）式是一个更一般化的形式。

$$\Delta log(RVEER_i) = \sum_{j \neq i} \frac{\sum_k \left(\frac{p_i^v V_{ik}}{p_i^v V_i}\right)\left(\frac{p_j^v V_{jk}}{P_k F_k}\right)}{1 - \sum_k \left(\frac{p_i^v V_{ik}}{p_i^v V_i}\right)\left(\frac{p_i^v V_{ik}}{P_k F_k}\right)}$$

$$(\widehat{p_i^v} - \widehat{E_{\frac{i}{j}}} - \widehat{p_j^v}) \qquad (3.1)$$

表 3-1 说明了上式中的各项含义。

表 3-1　　　　　　公式（3.1）的各项含义

p_i^v	V_i（国家 i 的国内实际增加值）的价格水平
P_k	最终产品的价格水平
V_i	国家 i 的国内实际增加值
V_{ik}	国家 k 从国家 i 购买的实际增加值
F_k	国家 k 购买的最终产品

公式（3.1）中包含了经济体 j 的货币在经济体 i 有效汇率中的权重：

$$W_j^v = \frac{\sum_k \left(\frac{p_i^v V_{ik}}{p_i^v V_i}\right)\left(\frac{p_j^v V_{jk}}{P_k F_k}\right)}{1 - \sum_k \left(\frac{p_i^v V_{ik}}{p_i^v V_i}\right)\left(\frac{p_i^v V_{ik}}{P_k F_k}\right)} \qquad (3.2)$$

其中，$\frac{p_i^v V_{ik}}{p_i^v V_i}$ 反映了以增加值口径衡量的 k 国需求对 i 国的相对重要性，$\frac{p_j^v V_{jk}}{P_k F_k}$ 反映了 k 国对 j 国的增加值需求总额占 k 国全部最终产品的比重。W_j^v 的分母部分旨在标准化有效汇率权重之和为1。$\widehat{p_i^v} - \widehat{E_{\frac{i}{j}}} - \widehat{p_j^v}$ 是经济体 i 和经济体 j 的双边实际汇率的对数差分形式，其中 $-\widehat{E_{\frac{i}{j}}}$ 反映的是名义有效汇率（直接标价法）部分，$\widehat{p_i^v} - \widehat{p_j^v}$ 反映的是相对价格部分。

根据（3.1）式，实际增加值有效汇率的测算公式可以写为：

$$RVEER_i = VEER_i \left[\prod_{j \neq i} \left(\frac{p_i^v}{p_j^v} \right)^{W_j^v} \right] \qquad (3.3)$$

其中，名义增加值有效汇率（VEER）为：

$$VEER_i = \prod_{j \neq i} \left(\frac{1}{E_{\frac{i}{j}}} \right)^{W_j^v} \qquad (3.4)$$

不难看出，实际增加值有效汇率和名义增加值有效汇率的权重是相同的，前者与后者的差异在于多出了加权相对价格项。

W_j^v 经过改写，可以写成形如传统有效汇率的权重形式，令 $\frac{p_i^v V_{ik}}{p_i^v V_i} = w_i^k$，$\frac{p_j^v V_{jk}}{P_k F_k} = s_j^k$，由于 $\sum_k w_i^k = 1$，故有 $W_j^v = \dfrac{\sum_k w_i^k s_j^k}{\sum_k w_i^k (1 - s_i^k)}$，这与 Bayoumi 等推导出的 IMF 有效汇率公式（Bayoumi et al., 2006）在形式上具有

一致性①。

本书研究的重点在于重估名义增加值有效汇率，原因是笔者关注基于增加值的权重与基于传统加总贸易的权重究竟有何不同。此外，与增加值相对应的价格指数并无高频和近期数据，因此，本书的主体部分主要基于名义增加值有效汇率展开，在第六章的第一节进一步对重估实际增加值有效汇率进行分析和讨论。

2. 行业层面的基于增加值的有效汇率

尽管 Bems 和 Johnson 研究的是总体的增加值有效汇率（VEER），但其实质上仍然是基于一定假设的局部均衡：在该项研究中，他们将来源国的增加值价格和目的国的需求视为给定（Bems，Johnson，2012）。而在本书行业层面的有效汇率测算中，同样遵循这一假定。除此之外，本书还遵循如下假定，以使得行业层面基于增加值的有效汇率可以表述成同加总层面一致的形式：（1）特定行业的汇率变动不会对宏观经济变量如最终支出产生显著冲击，这一假设与 Bems 和 Johnson 保持一致；（2）两个行业之间的替代弹性必须足够小，例如食物和交通工具之间的替代弹性非常小。

---

① 然而，本书的权重与 Bayoumi 等的权重差异不仅体现在增加值和加总贸易的形式上，而且 $P_k F_k$ 和 $\sum_l X_l^k$ 的形式也有所不同。前者不能写成 Σ 的形式，因为 P_k 和 F_k 是复合指数。

在投入产出表框架下,行业之间的划分较宽泛,这一假定是合理的。

3. 基于增加值有效汇率的分解

与国际货币基金组织的传统有效汇率体系类似,基于增加值的有效汇率权重 W_j^v 也可以分解为三个部分,反映不同的竞争来源,即进口竞争、出口双边直接竞争和出口第三方竞争:

$$W_j^v = \frac{w_i^i s_j^i + w_i^j s_j^j + \sum_{k \neq I,j} w_i^k s_j^k}{\sum_k w_i^k (1 - s_i^k)}$$

$$= \underbrace{\frac{w_i^i s_j^i}{\sum_k w_i^k (1 - s_i^k)}}_{\text{进口竞争}} + \underbrace{\frac{w_i^j s_j^j}{\sum_k w_i^k (1 - s_i^k)}}_{\text{出口直接竞争}}$$

$$+ \underbrace{\frac{w_i^k s_j^k}{\sum_k w_i^k (1 - s_i^k)}}_{\text{出口第三方竞争}} \quad (3.5)$$

其中:

$$\frac{p_i^v V_{ik}}{p_i^v V_i} = w_i^k, \frac{p_i^v V_{ik}}{P_k F_k} = s_i^k$$

w_i^k 是国家 i 在国家 k 市场上增加值规模占国家 i 总体增加值的比重, s_i^k 是国家 i 的增加值规模在国家 k 市场中的占比。

（二）增加值数据的测算方法

为了计算基于增加值的有效汇率的权重，本书需要测算全球各国增加值的数据。本书采用 Timmer 等的框架（Timmer et al., 2014；2015）测算各经济体增加值。正如前文所述，这一测算方法实质上是将全球各经济体的 GDP 按照全球价值链分解为各经济体的增加值收入（Value-added Income），是非常完整而全面的分解方法。理论上，这一模型将经济体的最终消费按照国际生产分割（International Production Fragmentation，IPF）进行全面分解，追踪生产的各种直接和间接环节。在实际操作中，该模型基于世界投入产出表（World Input-Output Table，WIOT，见表 3-2），随后利用列昂惕夫逆矩阵得到所有直接和间接生产活动以匹配最终需求。增加值是国际生产分割各个环节中产品的价值。

表 3-2　　　　　　　　　　世界投入产出表

		中间使用				最终需求				总产出
		国家 1	国家 2	…	国家 n	国家 1	国家 2	…	国家 n	
中间投入	国家 1	X_{11}	X_{12}	…	X_{1n}	Y_{11}	Y_{12}	…	Y_{1n}	X_1
	国家 2	X_{21}	X_{22}	…	X_{2n}	Y_{21}	Y_{22}	…	Y_{2n}	X_2
	…	…	…	…	…	…	…	…	…	…
	国家 n	X_{n1}	X_{n2}	…	X_{nn}	Y_{n1}	Y_{n2}	…	Y_{nn}	X_n

	中间使用			最终需求			总产出
	国家1	国家2	…	国家n	国家1	国家2	…	国家n	
增加值	V_1	V_2	…	V_n					
总投入	X_1	X_2		X_n					

基于一个包含 n 个经济体各行业的世界投入产出表，可以得到如下等式：

$$X = AX + Y \quad (3.6)$$

其中：$X = \{X_1, X_2, \cdots X_n\}'$，$X_n$ 是一国的总产出矩阵，$Y = \{Y_{i1}, Y_{i2}, \cdots Y_{ik}\}'$，$Y$ 是最终需求矩阵，Y_{ik} 是经济体 k 对经济体 i 各行业的最终需求矩阵；$A = \{A_{i1}, A_{i2}, \cdots, A_{ik}, \cdots, A_{in}\}'$，$A$ 是直接消耗系数矩阵，A_{ik} 是经济体 k 消耗经济体 i 各行业中间产品的直接消耗系数矩阵。由（3.6）式可得：

$$X = (I - A)^{-1}Y = BY \quad (3.7)$$

其中，B 是列昂惕夫逆矩阵。直观上看，它反映的是生产 1 单位最终需求过程中，所有相关中间产品的投入。

为获取各生产环节要素投入的增加值，将 v_a 定义为每单位总产出中增加值的比例，$v_a = diag\{v_{a1}, v_{a2}, \cdots, v_{ak}, \cdots, v_{an}\}$，其中 $va_k = diag\{r_k^1, r_k^2, \cdots, r_k^n\}$，且 $r_k^1, r_k^2, \cdots, r_k^n$ 是经济体 k 从各经济体各行业获取的增加值在总产出中的占比。增加值占比由 1 减去反映所有中间投入的直接消耗系数之和决定。据此，本书用于测算

有效汇率权重的增加值数据公式为:

$$VAD = va(I - A)^{-1}Y = vaBY \qquad (3.8)$$

(三) 主要数据

在上述测算方法基础上,本书基于世界投入产出表(Timmer et al.,2015)得到40个经济体和世界其他经济体的增加值数据。涵盖范围与世界投入产出表中包含的经济体一致。利用这些数据,基于(3.3)式的增加值有效汇率权重测算公式,本书得到用于测算人民币增加值有效汇率的权重。本书测算了2008年、2009年和2010年的数据,并对这3年的权重取平均值,得到最后的权重。选择这3年平均值的主要原因是:第一,传统有效汇率的代表IMF和BIS均选择3年平均权重,其中IMF是固定权重,选取时间是1999—2001年;BIS是时变权重,但每一时期的权重均基于3年平均值,当期期初和上期期末的有效汇率数据通过平滑增速得到;第二,考虑到本书样本期为1999—2016年,BIS在2016年8月前发布的近期数据均采用2008—2010年的平均权重;第三,IMF的固定权重和BIS的时变权重得到的有效汇率在实际测算中并不存在显著差异,这表明两种平均方法的结果相对稳健;第四,近年来多种形式的服务跨境流动发展迅速，因此选取最近年份的数据有助于更好地刻画这一变化，特别是在测算分行业有效汇率时，这一选择更有必要。

随后笔者基于1999年1月—2016年12月的月度名义汇率，将基期定为2010年，基于（3.4）式测算出人民币增加值有效汇率的月度数据。具体地看，世界投入产出表可以提供35个行业的增加值数据，但中国仅可获得33个行业的数据，另外2个行业"销售、维修机动车和摩托车；零售销售的燃料"（第19项）和"家庭服务业"（第35项）数据不可得。因此，本书仅测算了中国33个行业的增加值有效汇率。此外，由于欧元区统一货币，本书将所有的欧元区经济体加总，因此总共得到22个经济体的权重用于计算最终的人民币增加值有效汇率。

四 加总有效汇率

(一) 加总有效汇率

本部分将分析三种类型的加总增加值人民币有效汇率，包括：所有部门加总的有效汇率（VEER），可贸易品部门的有效汇率（TVEER）和不可贸易品部门的有效汇率（NVEER）。VEER 计算了可获得的所有 33 个行业加总的有效汇率。这 33 个行业按照大类粗分可以分为：第一产业、第二产业和第三产业。本书对于可贸易品行业选取的方法参照 BIS 方法，BIS 认为可贸易品行业应当集中于第二产业中的制造业（SITC 5—8），而不包括第一产业和第三产业，同时排除大宗商品行业，因为这些商品通常以美元计价，而并不会以来源国计价，故而汇率影响有限。综合考虑，本书将第二产业中的采矿和采石业，以及电力、燃气、水的供应业和建筑业排除出可贸易品行业有效汇率的测算中，即 TVEER 选择的行业包括投入产出表中编号为 3—16 的行业。NVEER 专注于服务部门，因此包含所有第三产业的行业，这些行业在传统被视为"不可贸易品"部门，这包括投入产出表中编号为 20—34 的行业。根据上述划分，所有部门加总的 VEER 所涵盖的范畴比 TVEER 和 NVEER 二者加在一起还要更广泛，包括了农业部门、第二产业中的非制造业行业。

表 4-1　　　加总及分行业有效汇率的行业范围

	行业名称	加总			分行业				
		加总有效汇率（VEER）	可贸易品有效汇率（TVEER）	不可贸易品有效汇率（NVEER）	第一产业	第二产业		第三产业	
						制造业	非制造业	产品流通	运输	其他
1	农林牧渔业	√			√					
2	采矿和采石业	√					√			
3	食品、饮料和烟草业	√	√			√				
4	纺织材料和纺织制品业	√	√			√				
5	皮革，皮革制品和鞋业	√	√			√				
6	木材、木材制品业	√	√			√				
7	纸浆、纸、纸张、印刷和出版业	√	√			√				

续表

行业名称	加总			分行业					
	加总有效汇率（VEER）	可贸易品有效汇率（TVEER）	不可贸易品有效汇率（NVEER）	第一产业	第二产业		第三产业		
					制造业	非制造业	产品流通	运输	其他
8	石油加工、炼焦及核燃料加工业	√	√			√				
9	化学品和化工产品制造业	√	√			√				
10	橡胶和塑料制品业	√	√			√				
11	其他非金属矿物制品业	√	√			√				
12	金属和金属制品业	√	√			√				
13	设备制造业	√	√			√				
14	电气和光学设备制造业	√	√			√				
15	运输设备业	√	√			√				
16	其他制造业（含回收利用）	√	√			√				
17	电力、燃气、水的供应业	√					√			
18	建筑业	√					√			
20	批发贸易和经纪贸易（除了汽车和摩托车）	√		√				√		

续表

行业名称	加总			分行业					
	加总有效汇率（VEER）	可贸易品有效汇率（TVEER）	不可贸易品有效汇率（NVEER）	第一产业	第二产业		第三产业		
					制造业	非制造业	产品流通	运输	其他
21	零售贸易（除了汽车和摩托车），家用商品修理	√		√				√		
22	酒店和餐饮业	√		√						√
23	内陆运输业	√		√					√	
24	水路运输业	√		√					√	
25	航空运输业	√		√					√	
26	其他支持和辅助运输业；旅行社活动	√		√						√
27	邮政通讯业	√		√						√
28	金融业	√		√						√
29	房地产业	√		√						√
30	租赁和商务服务业	√		√						√
31	公共管理和国防业；强制性社会保障	√		√						√
32	教育	√		√						√
33	卫生和社会工作	√		√						√
34	其他社区、社会和个人服务	√		√						√

说明：

1. 分行业的制造业与加总的可贸易品完全对应。
2. 分行业的第三产业与加总的不可贸易品完全对应。
3. 第一、第二、第三产业的分类被用于分行业的讨论（见表 5-2）。

图 4-1 展示了 VEER、TVEER 和 NVEER 在观测期内所反映的人民币升值幅度的态势。可贸易品有效汇率的升值幅度与不可贸易品有效汇率的升值幅度非常接近，2016 年年末时，两者相对于期初升值幅度的差异不到 2 个百分点。这意味着，从加总情形来看，自人民币汇率改革以来，不可贸易品部门的对外竞争力也发生了类似于可贸易品部门竞争力的变动。考虑到不可贸易品部门越来越可贸易化，需要对传统不可贸易品的对外竞争力变动情况加以关注，同时，也需要进一步深入行业层面的比较，以更好地刻画不可贸易品行业竞争力的变动。此外，所有行业加总有效汇

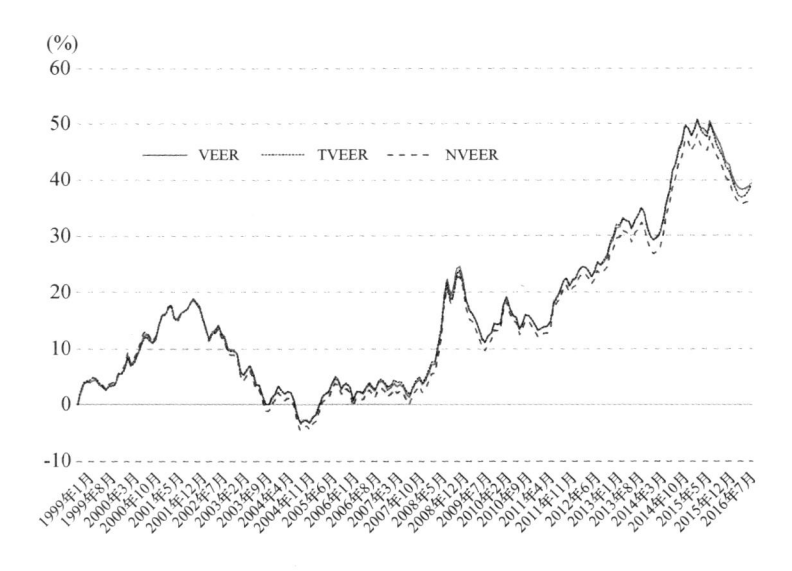

图 4-1　加总人民币增加值有效汇率的升值幅度

数据说明：开始阶段（1999 年 1 月）的升值水平为 0，所有其他时期的比率是相对于开始阶段的百分比变化，上升代表升值。

数据来源：笔者计算，CEIC。

率的升值幅度是最高的，这意味着，在 TVEER 和 NVEER 中所没有包含的行业，具有更高的升值幅度。

（二）与传统有效汇率的比较

本节将比较基于增加值的有效汇率与传统有效汇率之间的差异。IMF 和 BIS 提供了人民币有效汇率的月度数据，它们是传统有效汇率的代表，本部分将分别将 IMF 和 BIS 有效汇率与本书测算的基于增加值的有效汇率进行比较。

图 4-2 比较了 IMF 人民币有效汇率与加总的基于增加值人民币有效汇率（VEER）在观测期内的走势差异。基于增加值有效汇率的权重构建方法与 IMF 的

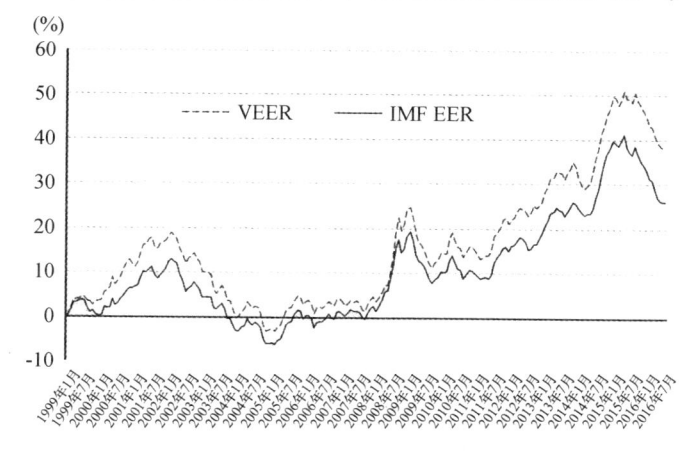

图 4-2　VEER 与 IMF 有效汇率升值幅度的比较

数据说明：开始阶段（1999 年 1 月）的升值水平为 0，所有其他时期的比率是相对于开始阶段的百分比变化，上升代表升值。

数据来源：笔者计算，CEIC。

有效汇率相似。正如本书之前的分析，IMF的权重框架是更加精确的，它将本国自产自销的产品也纳入权重的计算之中，这对于国内市场广大的国家而言尤为重要，同时也与增加值的概念更为契合。进一步的，IMF同时考虑了产品贸易和服务贸易。因此，IMF有效汇率较适合与包括所有33个行业加总的VEER进行比较。从图4-2中不难看出，VEER的升值幅度始终大于IMF有效汇率的升值幅度，二者最大的差距超过12个百分点。

图4-3比较了BIS人民币有效汇率与可贸易品的基于增加值人民币有效汇率（TVEER）在观测期内的走势差异。正如本书前文权重构造中所说明的，TVEER是按照与BIS有效汇率相似的贸易流的标准进

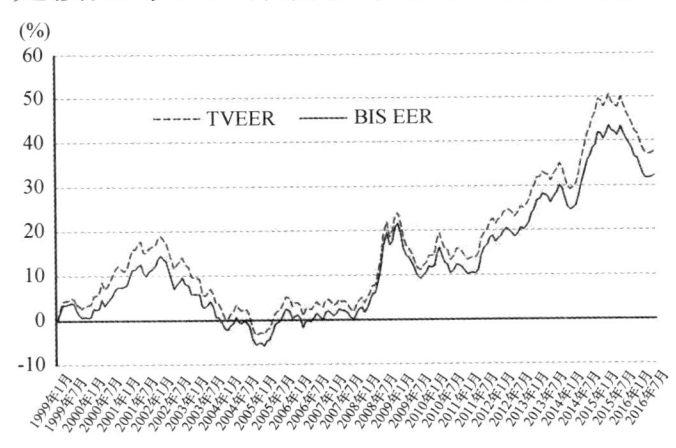

图4-3　TVEER与BIS有效汇率升值幅度的比较

数据说明：开始阶段（1999年1月）的升值水平为0，所有其他时期的比率是相对于开始阶段的百分比变化，上升代表升值。

数据来源：笔者计算，CEIC。

行权重的测算，因此，相比较于其他两个加总有效汇率，TVEER 更加适合与 BIS 有效汇率加以比较。BIS 有效汇率与 TVEER 之间的差异与前文对 IMF 的讨论较为类似，TVEER 的升值幅度高于 BIS 有效汇率，它们之间最大差距接近 8 个百分点。

（三）差异来源

为了进一步地理解增加值有效汇率升值幅度高于传统有效汇率升值幅度的原因，表 4-2 总结了二者之间在权重上的差异。表 4-2 比较的是本书方法与 BIS 有效汇率权重之间的差异，并将权重按照权重差异由高到低进行排序。[1] 表 4-2 比较了两类方法权重的差异，可以看出两点。（1）欧元区和美国权重分别增加了超过 4 个百分点和 2 个百分点。这表明，来自于欧元区和美国的最终需求在构建基于增加值的有效汇率时发挥了更加重要的作用，许多发生在中国和其他国家之间的贸易其最终需求实质上指向欧元区和美国。（2）韩国、日本和中国台湾权重分别下降了约 2 个百分点、2 个百分点和 3 个百分点。这意味着，在东亚价值链区域，中国和本区域的主要国家间的贸易并不完全反映着这些国家间的相互需求，而有部分实质上是

---

[1] 与 IMF 的比较差异与表 4-2 类似，不再列出。

为了满足本区域以外其他国家（特别是欧元区和美国）的需求。因此，在通过增加值进行核算时，这些国家的权重被调降了。

表 4-2　　　　　　有效汇率权重比较　　　　　（单位:%）

	增加值权重	BIS 权重	差异
欧元区	26.55	22.49	4.06
美国	24.24	22.01	2.23
巴西	2.16	1.38	0.78
印度	2.69	1.96	0.73
俄罗斯	2.47	1.80	0.67
土耳其	1.35	0.82	0.53
澳大利亚	1.79	1.58	0.21
印度尼西亚	1.42	1.23	0.18
瑞士	1.09	0.92	0.17
加拿大	2.70	2.60	0.10
丹麦	0.56	0.54	0.02
拉脱维亚	0.05	0.05	0.00
罗马尼亚	0.27	0.27	0.00
保加利亚	0.08	0.09	-0.01
英国	3.27	3.29	-0.02
波兰	0.87	0.99	-0.12
捷克	0.58	0.72	-0.14
匈牙利	0.31	0.49	-0.18
墨西哥	1.48	2.44	-0.96
韩国	6.78	9.11	-2.33

续表

	增加值权重	BIS 权重	差异
日本	15.95	18.45	-2.49
中国台湾	3.33	6.76	-3.43

数据来源：笔者计算，BIS。

五 分行业有效汇率及向不可贸易行业的拓展

本部分将分析 33 个行业的增加值人民币有效汇率，并讨论其特征。本书的有效汇率包含了可贸易品及传统被视为"不可贸易品"的行业，而后者在当今全球化过程中已经不同程度地变得可贸易起来。服务逐步从不可贸易变成可贸易的跨境流动过程中，存在三个不同的渠道。

（一）全口径的含义

本书的"全口径"不仅体现为在分行业有效汇率上同时包含了可贸易品和不可贸易品，更体现为在对于不可贸易品有效汇率权重的测算中的"全口径"，即对服务业跨境核算的"全口径"。在为数不多的关注服务业有效汇率的研究中，主要关注的是国际收支平衡表口径的服务贸易流数据，并基于此构成有效汇率的权重数据。然而，在服务逐步从"不可贸易"变成"可贸易"的跨境流动过程中，实质上存在着三种不同的渠道。

第一个渠道是国际收支项下的服务贸易，也就是传统测算中考虑的服务贸易。根据《服务贸易总协定》和《国际服务贸易统计手册》，这一渠道是指居民与非居民之间的服务贸易，包含跨境提供、境外消费和自然人移动三种形式。目前，这一服务贸易数据是各国统计最多的服务贸易数据。

第二个渠道是通过境外附属机构实现的服务贸易（附属机构服务贸易，FATS），即在境外建立商业机构为非本国消费者提供服务，分为内向 FATS（进口）和外向 FATS（出口）。这一渠道同样涵盖在《服务贸易总协定》和《国际服务贸易统计手册》所规定的服务贸易中。具体的实现途径是服务提供者到国外设立服务提供企业，例如建立会计师事务所、银行、酒店等，为所属地区当地及其他地区的消费者提供服务。目前，只有极少数发达国家公布 FATS 数据，中国于 2017 年首次发布了 2015 年的 FATS 数据。从国际经验来看，这一渠道的服务贸易数据规模一般是第一种渠道的 2 倍，中国 2015 年这一渠道的服务贸易规模超过第一种渠道的 3 倍。

上述两个渠道均可被视为服务贸易的内容，第三个渠道则是附着在可贸易产品上的服务，在增加值贸易发展日趋壮大的背景下，产品跨境流动的过程中，附着在产品上的服务也实现了跨境流动。在本书前言中iPhone的例子中，将iPhone由生产地运输至销售地的水路运输即是附着在iPhone上的服务价值的一种，当iPhone从中国出口至美国时，这一附着在产品上的服务也就实现了跨境流动。

由此可见，仅仅集中于传统服务贸易流的有效汇率测算只考虑了第一个渠道的服务贸易规模，存在显著的偏误。而基于投入产出表的服务贸易流的测算则能够提供一个更加"全口径"的视角，相比较而言，有如下优势：第一，投入产出表中可以获得各国在国民经济各行业中本国和外国增加值的投入，这其中就包含服务业各行业国内外的增加值投入；第二，投入产出表包含各个渠道下国内外增加值投入，继而在服务的跨境流动中可以涵盖上述三种渠道，尽管仍存在数据可得性造成的偏误，但是已经是现有数据约束和所有信息下的最优选择；第三，在计算不可贸易品的有效汇率权重中，同样需要考虑第三方竞争效应，以实现与传统有效汇率的可比性，这就需要各国国内服务业的增加值数据，在这个层面上，基于投入产出表的信息也是非常全面的。由此可见，基于投入产出表的增加值有效汇率的核算能够为全口径的分行业有效汇率提供一个现有条件下最有效的测算框架，适用于对中国的分行业对外竞争力进行全面的考察。

（二）分行业：可贸易品 vs 不可贸易品

表 5-1 总结了分行业的增加值人民币有效汇率在样本期间的升值水平。有效汇率按照升值水平由高到低排列，并将不可贸易品行业（带有 *）同其他行业区分开来。

表 5-1　　分行业的增加值人民币有效汇率的升值水平　　（单位：%）

	行业名称	升值幅度
4	纺织材料和纺织制品业	75
5	皮革，皮革制品和鞋业	62
1	农林牧渔业	57
2	采矿和采石业	54
23*	内陆运输业	51
8	石油加工、炼焦及核燃料加工业	51
11	其他非金属矿物制品业	44
17	电力、燃气、水的供应业	42
21*	零售贸易（除了汽车和摩托车），家用商品修理	42
6	木材、木材制品业	42
24*	水路运输业	41
20*	批发贸易和经纪贸易（除了汽车和摩托车）	41
3	食品、饮料和烟草业	41

续表

	行业名称	升值幅度
27*	邮政通讯业	39
12	金属和金属制品业	39
9	化学品和化工产品制造业	38
16	其他制造业（含回收利用）	38
26*	其他支持和辅助运输业；旅行社活动	38
7	纸浆、纸、纸张、印刷和出版业	37
10	橡胶和塑料制品业	37
33*	卫生和社会工作	37
28*	金融业	37
29*	房地产业	36
34*	其他社区、社会和个人服务	36
15	运输设备业	35
13	设备制造业	35
22*	酒店和餐饮业	33
30*	租赁和商务服务业	32
18	建筑业	32
32*	教育	32
14	电气和光学设备制造业	31
31*	公共管理和国防业；强制性社会保障	30
25*	航空运输业	28

数据说明：升值水平的计算基于样本期最后（2016年12月）和期初（1999年1月）汇率水平的差异。

数据来源：笔者计算，CEIC。

表5-1中升值趋势的一个特征是符合传统认知的，不可贸易品行业的升值幅度总体不及可贸易品部门。这主要体现为可贸易品的区域多分布在升值幅度

较高的表格上半部分，而属于不可贸易品的区域多分布在升值幅度较低的表格下半部分。其中，第二产业的主要可贸易品部门，例如"纺织材料和纺织制品业""皮革，皮革制品和鞋业"和"石油加工、炼焦及核燃料加工业"在观察期内的升值幅度均超过50%。而同样在过去的十多年中，大多数不可贸易行业（如"酒店和餐饮业""邮政通讯业"和"教育"）的升值幅度则低于40%。图5-1进一步展示出上述几个行业增加值人民币有效汇率升值水平随时间变化的趋势。对"纺织材料和纺织制品业"而言，其升值水

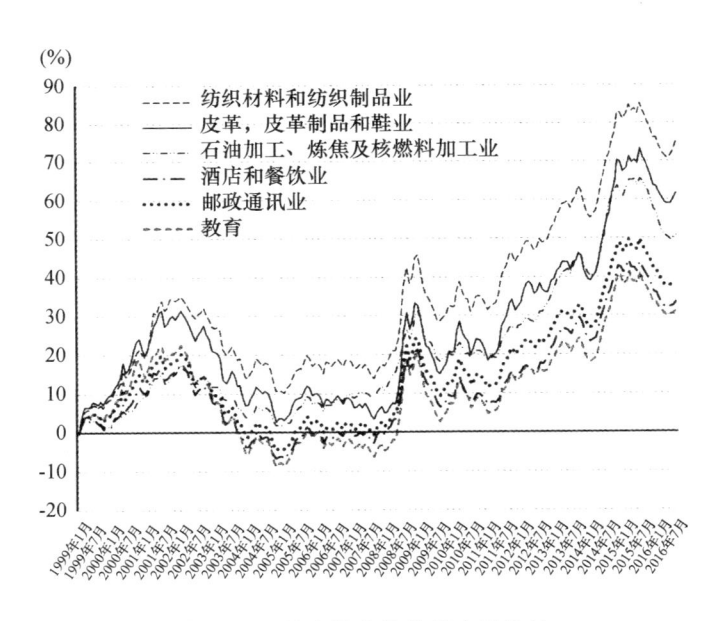

图 5-1　几个行业的升值水平比较

数据说明：开始阶段（1999年1月）的升值水平为0，所有其他时期的比率是相对于开始阶段的百分比变化，上升代表升值。

数据来源：笔者计算。

平在最高时期比期初高了约85%，而对于图中的三个服务部门，它们相对期初的升值水平在历史上从未超过40%。

表5-1反映的另一个特征则可能与传统认知不符合，即部分不可贸易品行业的升值幅度较大，甚至高出一些可贸易品行业。例如，"内陆运输业"和"水路运输业"在观察期内的升值幅度分别为51%和41%，在所有33个行业中排名第5和第11。

表5-1所反映出来的特征表明，异质性不仅仅存在于可贸易品和不可贸易品之间，在可贸易行业内部和不可贸易行业内部也同样存在。为了更进一步看清这一点，表5-2将第一产业、第二产业和第三产业的统计信息列出，并将第二产业进一步区分为制造业和非制造业，第三产业进一步区分为与产品流通、运输相关的行业以及除此之外的其他服务行业。总体来看，第一产业升值幅度较高，这使得加总的增加值有效汇率升值幅度大于可贸易品增加值有效汇率升值幅度。第二产业和第三产业的平均升值幅度有6个百分点的差异，这表明可贸易品的平均升值幅度高于不可贸易品。但是从中值来看，二者的差异则缩窄至2个百分点，反映出第二产业的升值幅度受到极端值影响较大（最大值达到75%），二者之间的升值差异没有平均值反映的那么大。在第三产业中，与产品流通和运输相

关的行业升值幅度较高，平均值和中值接近甚至超过第二产业升值水平，直观来看，这两个领域与贸易直接相关，开放程度较高，故而面临的汇率冲击也更大。

表 5-2　　　　不同行业有效汇率升值幅度统计表　　　（单位:%）

	平均值	中值	最大值	最小值	行业数量
第一产业	57	57	57	57	1
第二产业	43	39	75	31	17
制造业	43	38	75	31	14
非制造业	43	42	54	32	3
第三产业	37	37	51	28	15
产品流通	41	41	42	41	2
运输	40	40	51	28	4
其他	34	36	39	30	9

说明：第二产业包括2—18，其中制造业包括3—16，非制造业包括2、17、18，第三产业包括20—34，其中产品流通包括20、21，运输包括23—26，其他为第三产业的其他行业。

（三）对"巴拉萨－萨缪尔森效应"的拓展

上述观察同汇率决定和"巴拉萨－萨缪尔森效应"研究中分析可贸易品中不可贸易品作用的文献有内在一致性。例如，在对新兴经济体的研究中，Devereux考虑了服务于可贸易品运输的物流部门，通过建立动态模型，研究发现东亚地区物流部门相对劳动生产率的下降会抑制可贸易部门的劳动生产率，从而抑制东亚国家的实际汇率升值（Devereux，1999）。在对高收入经济体的研究中，MacDonald 和 Ricci 分析了主要 OECD 国家的情况，他们发现物流部门相对劳动生产率的上升，会带来实际汇率的升值（MacDonald，Ricci，2005）。但是，在此前文献的分析中，由于不能将附着于产品上的服务区分出来，因此多是采用劳动生产率作为替代。

而本书通过对全口径分行业人民币增加值有效汇率的测算，可以直接观察到不可贸易品部门的行业汇率变动情况。从表 5-2 的情况来看，包括产品流通、运输在内的不可贸易品部门有效汇率升值将直接推高总体人民币有效汇率水平。这一发现，有助于进一步研究可贸易品和不可贸易品在汇率决定中的作用以及分析拓展"巴拉萨－萨缪尔森效应"。

伴随着开放程度的提升，服务贸易跨境流动及"贸易－投资－服务"三位一体格局的形成，都会使得对不可贸易品行业有效汇率评估的重要性上升，传统被视为不可贸易的行业将会在外部竞争中遭遇更大的汇率冲击。对中国而言，在所有主要行业中构建全口径分行业的增加值人民币有效汇率是十分必要的。第一，伴随着以开放促改革进程的进一步深化，中国的服务业将更加开放，而外商直接投资（FDI）和对外直接投资（ODI）都将进一步活跃，基于增加值的分行业有效汇率能够测量这些领域的对外竞争力，从而为政策制定提供参考。第二，在人民币汇率形成机制改革不断深化的背景下，人民币汇率的波动浮动与之前相比将更加剧烈，因此，有必要分析开放条件下全口径各行业受到的不同水平冲击。第三，随着中国进一步融入全球价值链，有必要沿着价值链各个部分考察中国各行业的对外竞争力。

六 增加值有效汇率的进一步讨论

(一) 加总层面传统有效汇率和增加值有效汇率差异的政策含义

在加总部分的讨论中，本书发现在观测期内，以增加值有效汇率（名义值）测算的人民币升值幅度高于以传统有效汇率测算的人民币升值幅度。图6-1进一步测算了实际增加值有效汇率（RVEER），并将之与此前测算的名义增加值有效汇率（VEER）进行比较，RVEER的升值幅度比VEER还要更高，反映出考虑价格因素之后也不改变此前的结论，而是进一步加强了此前的结论。

增加值有效汇率和传统有效汇率的差异主要体现为权重的差异，正是这种权重的差异，使得加权之后的名义汇率或实际汇率产生差异。增加值调整带来的有效汇率权重的调整在区域上具有一致性，美欧的权

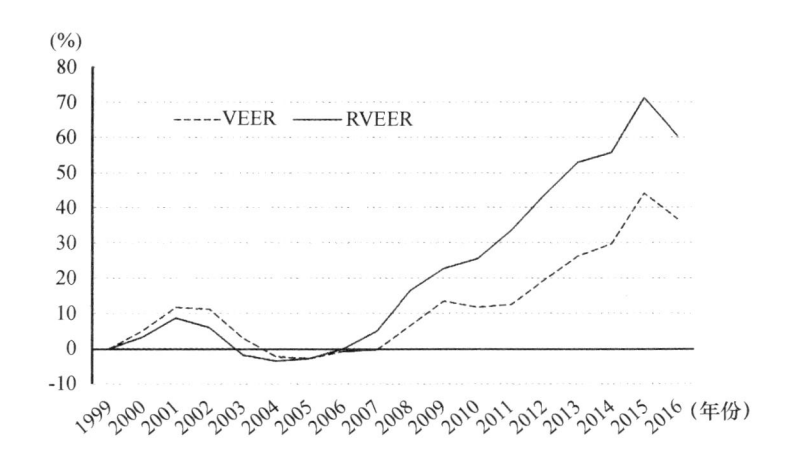

图 6-1 名义和实际增加值有效汇率

数据说明：实际汇率中价格指数的构造采用 GDP 平减指数，其余与前文 VEER 相同。

数据来源：国际货币基金组织（IMF）世界经济展望（WEO）数据库，CEIC。

重被调升，而东亚价值链区域的国家和地区权重被调降。上述权重变化对正确理解真实的人民币有效汇率及背后所包含的对外竞争力变动十分关键，以下进行简单的情景分析。

当欧美国家货币贬值（如欧美国家出现金融危机）时，基于增加值的人民币有效汇率升值幅度将高于传统有效汇率的升值幅度，传统有效汇率低估了人民币的升值幅度；当东亚地区经济体货币集体贬值（如东亚地区出现金融危机）时，基于增加值的人民币有效汇率升值幅度将低于传统有效汇率的升值幅度，传统有效汇率高估了人民币的升值幅度。

图 6-2 模拟了三个外币贬值的情形,即欧美国家货币和东亚地区经济体货币贬值 10%、20% 和 40% 的情形。在其他条件不变的情况下,对应上述三种贬值情形,比较传统有效汇率和基于增加值有效汇率的差

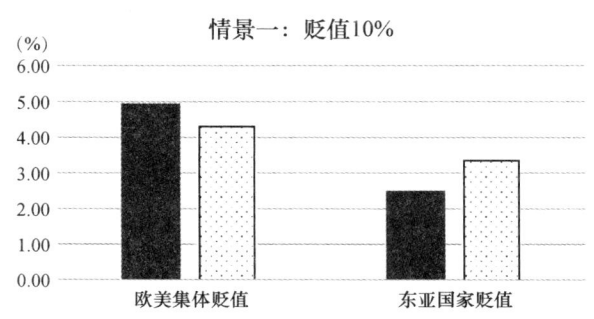

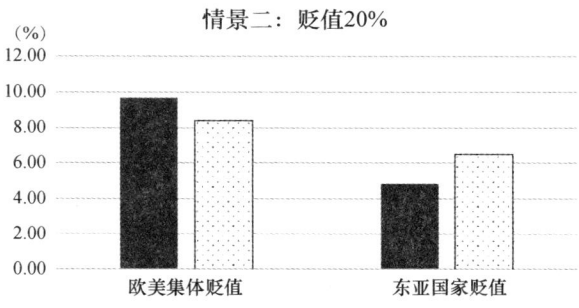

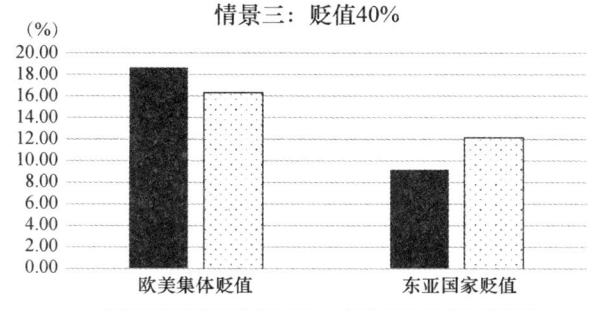

图 6-2 金融危机对传统有效汇率和增加值有效汇率影响的情景分析

异，采用传统有效汇率将使人民币升值幅度在欧美国家货币贬值时分别被低估0.63、1.25和2.49个百分点，在东亚地区经济体货币贬值时分别被高估0.81、1.59和3.08个百分点。在人民币汇率形成机制改革进一步深化，人民币逐步转向参考一篮子货币和波动区间扩大的背景下，研究者和决策者应就增加值有效汇率带来的权重变动和人民币有效汇率测算结果的变动给予进一步的关注。

通过调整权重来揭示中国与其他国家的真实贸易关系，本书发现基于增加值的人民币有效汇率与传统有效汇率具有显著不同。在观测期间内，基于增加值的人民币有效汇率升值幅度显著高于传统有效汇率；在面临不同区域外部冲击时，基于增加值的人民币有效汇率变动也与传统有效汇率有较大差异。因此，在分析对外竞争力变动和汇率冲击变动时，有必要同时考虑基于增加值的有效汇率，以更加全面地看待上述问题。

（二）竞争力的分解

根据公式（3.5），有效汇率权重可以被进一步地分解为三个部分：进口竞争、直接出口竞争和在第三方市场的出口竞争，以反映不同的竞争来源。图6-3比较了通过使用这三类竞争权重构造的汇率升值幅度，

VEER1代表着进口竞争，VEER2代表着直接出口竞争，而VEER3代表在第三方市场的出口竞争。从图中有效汇率的分解情形来看，在近年来的多数时间，代表直接出口竞争的VEER2升值幅度最高，这意味着中国出口与最终需求国国内市场的竞争压力最大，面临的升值压力也最大。代表出口第三方市场竞争的VEER3升值幅度次之，表明中国与别国在第三方市场上也面临较大的竞争压力。代表进口竞争的VEER1上升幅度最小。这意味着以增加值有效汇率衡量的汇率变动视角来看，中国在出口市场面临的来自当地企业的竞争压力最大，在第三方市场面临的别国竞争压力次之，在国内市场面临的别国竞争压力最小。

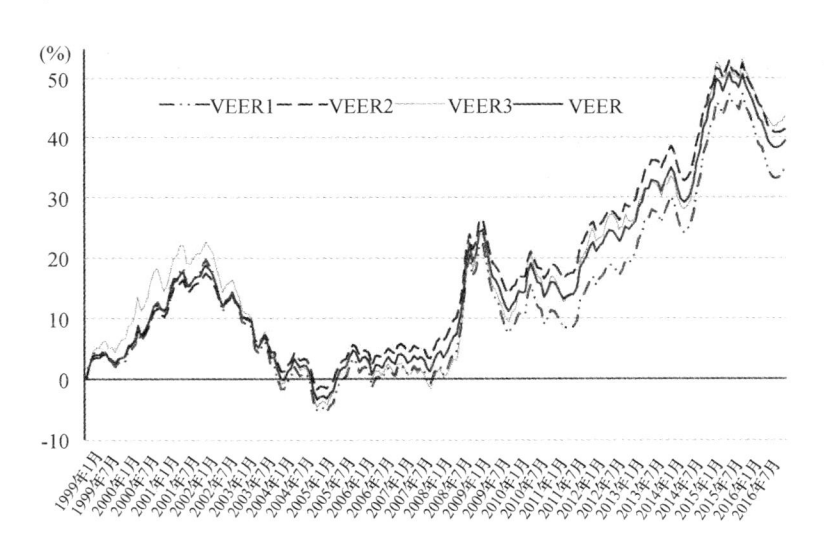

图6-3 出口竞争、进口竞争和第三方市场竞争

注：开始阶段（1999年1月）的升值水平为0，所有其他时期的比率是相对于初期的百分比变化，上升代表升值。

从权重的分国别分解情况来看,不同国家与中国的竞争关系不同(见表6-1)。对于中美的竞争关系而言,两国的出口竞争主要源于在美国市场的直接竞争,这与欧元区国家的情形有所差异,中国在欧元区进口竞争和第三方市场竞争的压力均大于美国,这意味着中国企业在国内面临来自欧元区国家的压力要大于来自美国的压力。这一进口竞争压力在东亚国家中体现得更加明显,来自于日本、韩国和中国台湾企业在中国大陆市场上的竞争压力均大于中国企业给这三个经济体企业施加的压力。

表6-1　　　　　　　不同国家的竞争权重　　　　　（单位:%）

	进口竞争	出口竞争	
		直接	第三方市场
澳大利亚	53.51	28.42	18.07
保加利亚	16.01	26.33	57.66
巴西	39.27	30.15	30.58
加拿大	27.47	35.48	37.05
捷克	20.44	23.74	55.83
丹麦	27.83	19.52	52.65
欧元区	30.56	24.92	44.53
英国	20.77	30.73	48.50
匈牙利	24.76	17.55	57.69
印度尼西亚	39.42	31.55	29.03
印度	18.54	51.42	30.04
日本	46.03	31.26	22.71
韩国	53.23	25.92	20.85

续表

	进口竞争	出口竞争	
		直接	第三方市场
立陶宛	15.59	17.05	67.36
墨西哥	16.80	39.71	43.49
波兰	17.55	31.97	50.48
罗马尼亚	16.35	27.33	56.32
俄罗斯	32.78	32.11	35.11
瑞典	37.24	14.56	48.20
土耳其	12.44	50.84	36.72
中国台湾	67.60	13.02	19.38
美国	25.16	48.80	26.04

本书还进一步比较了传统有效汇率和增加值有效汇率在进口竞争、出口直接竞争和出口第三方竞争权重上的差异（见图6-4）。总体而言，相比传统有效汇率，增加值有效汇率的权重中出口直接竞争的权重显著上升，从原来的占比1/4上升至占比1/2，这一权重的上升主要对应于出口第三方竞争权重的下降，出口第三方竞争权重的占比从原来的1/3下降至1/10，进口竞争的权重也有小幅下降。这意味着，在考虑了增加值贸易的影响之后，人民币相对于某国货币的升值，将显著削弱中国产品在该国市场上与该国产品的竞争力，但对于中国产品与该国产品在第三方市场上的竞争力的削弱要比使用传统有效汇率衡量时更少。基于增加值的有效汇率改变了以传统有效汇率衡量的

各国之间因币值变动而产生的对外竞争力关系。

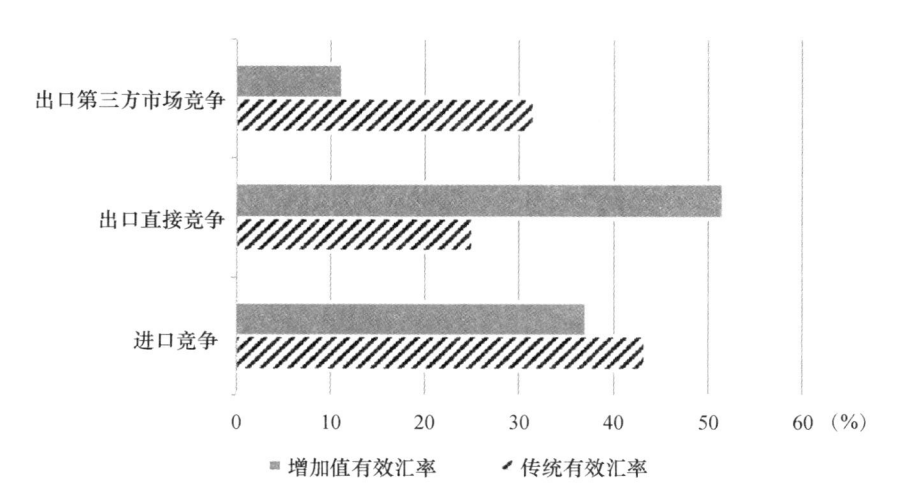

图 6-4 增加值有效汇率和传统有效汇率竞争力分解比较

数据说明：传统有效汇率权重测算的公式与增加值有效汇率权重测算公式一致，在数据方面，参考黄薇和任若恩的研究方法（黄薇、任若思，2008），进出口数据基于各国出口数据交叉表格得到，国内自产自销部分数据使用总产出－总出口数据计算得到，为了保证数据来源的一致性，使用的数据库为 OECD-WTO 增加值贸易（TiVA）数据库中的传统贸易数据和工业产值数据。

七 基于增加值数据的拓展分析

(一) 全球价值链与国际宏观经济政策协调

宏观经济政策协调是开放条件下宏观经济学理论以及政策实践中的重要问题。2008年全球金融危机后，全球贸易和金融失衡被普遍认为是危机的主要根源。这一问题在危机后的全球经济复苏阶段并未得到实质缓解，反而由于各国复苏进程不平衡、宏观政策分化、失衡风险再度累积而愈加尖锐地反映出来。主要经济体经济政策缺乏合作，与全球范围内生产链分工深化、国际金融市场高度整合、新兴经济体逐渐发挥全球影响的基本经济现实存在明显矛盾，这一矛盾也不断孕育出新的经济和金融风险。因此，金融危机后全球宏观经济协调成为二十国集团的一项核心任务，其重要性得到空前提升。

宏观经济政策协调也是全球化日益深化背景下不同经济体宏观和金融相互依存性不断提升过程中所产生的现实需求。在封闭经济条件下，一国可以忽视经济政策的外部性，它能够通过调整货币政策与财政政策实现国内外经济的均衡。全球化背景下，融入全球贸易和金融体系的开放经济体，其宏观经济与金融波动会导致贸易和金融结构、总量及有关资产和商品价格发生变化，由此对与之存在紧密贸易和金融联系的经济体产生直接影响。受之影响的经济体会产生适当变化，从而再往外影响其他相关的经济体，如此影响最终会间接传导到诸多国家乃至全球。这种外部性有可能是正面的，但也有可能是负面的。本章研究探讨的核心议题是在全球价值链背景下的溢出效应及宏观经济协调问题。

蒙代尔－弗莱明模型（M-F 模型）提供了一个短期框架下分析开放经济条件下货币政策和财政政策国际协调的规范框架，它是在 IS-LM 模型的基础上通过引入国际收支均衡这一条件分析各国经济政策的相互传导及其有效性。由此可见，国际收支渠道亦即通常所说的贸易渠道是 M-F 模型分析的关键内容。不过，传统 M-F 模型考虑的贸易流主要是一国总体的贸易流，其内在的含义是一国向本国的出口，对于本国而言是本国对这一国家的需求，这一出口规模由本国的国民收入和收入的进口需求弹性决定，对于本国向别国的出口，也有类似关系存在。这是 IS 曲线中的重要内容。

由此可见，M-F 模型将 IS-LM 曲线开放化的一个关键点源自于贸易渠道，贸易的规模被用来衡量外需，继而得出收入的进口需求弹性。随着全球价值链研究的发展，使用一国对外出口规模这一变量衡量外需变动存在问题。这是因为一国出口规模等价于外需变动需要一个条件，即所有的出口产品均在本国生产，且作为最终产品出口至外国。但是全球价值链的发展使得这一情形难以成立。

根据 Johnson 的总结，从一国对世界其他国家的加总层面上来看，一单位的出口并不对应着一单位增加值的产生，出口占 GDP 的比重会高估外需下降所导致的出口下降对 GDP 的冲击（Johnson，2014）。而从本国对另一外国的双边层面来看，双边贸易规模并不能准确衡量本国从外国所获得的增加值，从而使得外国的需求对本国的冲击可能被高估也可能被低估。Johnson 同时给出了高估和低估的范例：美国将中间产品出口至加拿大进行组装，产品完成后又回到美国市场进行销售，在这一情形下，使用美国对加拿大的一般出口贸易规模会高估加拿大需求对美国的重要性；美国将中间产品出口至德国，德国将包含美国中间产品的最终产品出口至意大利，在这一情形下，使用美国对意大利的一般出口贸易规模会低估意大利需求对美国的重要性。

全球价值链研究的发展，使得我们对传统 M-F 模型以及其背后的各国经济政策协调需要有新的认识。全球价值链的研究首先有助于我们重新认识增加值贸易所反映的外需变动与传统贸易流有何不同，继而，它能够对 M-F 模型进行修正，重新分析宏观经济政策溢出效应及各国宏观经济政策的协调。

（二）全球价值链与国际宏观经济政策溢出效应的理论分析

全球价值链究竟怎样影响了宏观经济政策的溢出效应？正如本书引言中所述，全球价值链的发展和识别带来了传统贸易流衡量外部需求的不准确性。传统贸易流既可能高估外部需求，也可能低估外部需求，需要对具体情况加以分析。

具体而言，可以分别考察加总层面和双边层面的情况。从一国对世界其他国家的加总层面上来看，只要有来自别国的投入品，一单位的出口一般就不会对应着一单位增加值，这意味着加总层面的出口占 GDP 的比重会高估外需下降所导致的出口下降对 GDP 的冲击，且这种高估对几乎所有国家都存在，只是大小有差异。

双边层面的情况要更加复杂一些，以出口衡量的外需可能存在高估或者低估的情形。参考 Johnson 的方法（Johnson，2014）可以分别列举高估和低估两类情形。假设有 A、B、C 三个国家，A 国将中间产品出口至 B 国进行组装，B 国将组装完毕后的最终产品出口至 C 国，在这里，A 国出口至 B 国的产品实质上是由于 C 国的需求引致的，这意味着以传统贸易衡量的 A 国至 B 国的出口会高估 B 国对 A 国的需求，而以传统贸易衡量的 A 国至 C 国的出口会低估 C 国对 A 国的需求。

鉴于传统贸易流既可能高估外部需求，也可能低估外部需求，本部分将基于蒙代尔－弗莱明模型（M-F 模型），引入全球价值链对其进行拓展，在此基础上，分析基于全球价值链的宏观经济政策溢出效应。

1. 情景分析

外国的需求通过外国向本国的出口是本国（外国）对外国（本国）的需求通过外国（本国）向本国（外国）的出口得以体现，本国（外国）的出口由外国（本国）的国民收入及收入的进口需求弹性决定。这一含义内含于 IS 曲线（商品市场的均衡）中。一个常见的本国 IS 曲线可以写为：

$$Y = a_0 + a_1 Y - a_2 i + a_3 E - a_4 Y + a_5 Y^* + G$$

(7.1)

其中 $a_5 Y^*$ 即刻画了出口与外部需求之间的关联。

全球价值链贸易对宏观经济政策溢出效应的分析可能存在两种不同的影响，其来源主要是基于全球价值链的贸易流和传统贸易流之间的差异，如果我们将基于全球价值链的贸易流理解为一国的"真实外需"，那么基于传统贸易流分析的外需则要么被高估，要么被低估。在 M-F 模型中，由于 IS 曲线描述产品市场，而 LM 曲线描述货币市场，因此，上述外需变动的情形将直接影响 IS 曲线。当然，也有研究认为全球价值链贸易将影响汇率对贸易这一作用机制，汇率变量将影响 LM 曲线，但到目前为止，这一影响尚没有定论，因此本书在这里只考虑 IS 曲线的变化。

在具体的讨论中，本书引入情景分析，并将 M-F 模型的讨论分为：基准情景（情景一，S1）、高估情景（情景二，S2）和低估情景（情景三，S3）。基准情景描述的是传统的 M-F 模型；高估情景描述的是国外需求被高估时的 M-F 模型；低估情景描述的是国外需求被低估时的 M-F 模型。

（1）基准情景（情景一，S1）

首先考虑基准情景（S1），在这部分将考虑的是一个传统的 M-F 模型。在 S1 中，本国的 IS 曲线和外国的 IS* 曲线可以分别写为：

$$Y = a_0 + a_1 Y - a_2 i + a_3 E - a_4 Y + a_5 Y^* + G \tag{7.2}$$

$$Y^* = a_0^* + a_1^* Y^* - a_2^* i^* + a_3^* \frac{1}{E} - a_4^* Y^* + a_5^* Y + G^* \tag{7.3}$$

其中，标有"*"代表外国，a_0 代表自主需求，a_1 代表消费需求对收入水平的弹性，a_2 代表投资需求对利率的弹性，在这里假定资本是自由流动的，因而本国利率和外国利率相等，即 $i = i^*$，a_3 代表净出口对汇率的弹性，a_4 代表进口对本国收入水平的弹性，a_5 代表出口对外国收入水平的弹性。由于本国的进口（出口）等于外国的出口（进口），故而 $a_4 = a_5^*$，$a_5 = a_4^*$。这样，IS 曲线和 IS* 曲线可以进一步地写为利率和收入的关系式：

$$i = \frac{a_0 + a_3 E + a_5 Y^* + G}{a_2} + \frac{a_1 - a_4 - a_2}{a_2} Y \tag{7.4}$$

$$i^* = \frac{a_0^* + a_3^* \frac{1}{E} + a_5^* Y + G^*}{a_2^*} + \frac{a_1^* - a_4^* - a_2^*}{a_2^*} Y^* \tag{7.5}$$

据此，IS 曲线刻画的是一国国内收入与利率之间的关系。其中，本国 IS 曲线的斜率由本国消费需求对收入水平的弹性、进口对本国收入水平的弹性和本国投资需求对利率的弹性决定；外国 IS 曲线的斜率由外国消费需求对收入水平的弹性、进口对外国收入水平的弹性和外国投资需求对利率的弹性决定。因此，正如我们在上面关系式中看到的，尽管在本国的 IS 曲线中，a_5 刻画了本国出口对外国收入的弹性，但是它并不会直接体现在本国 IS 曲线的斜率之中。但是，它会影响外国 IS 曲线的斜率，变量 a_4^* 衡量了外国进口对外国收入的弹性，它等价于本国出口对外国收入的弹性。因此，在 S2 和 S3 的两个情景中，IS^* 曲线的斜率将与 S1 时有所不同，这将直接影响本国收入，继而影响宏观经济政策协调的结果。

在高估情景（S2）中，本国出口至外国的产品有一部分将出口至第三国或回到本国，这将导致以本国向外国出口规模衡量的国外需求被高估，因为这其中有一部分并非是国外需求所引致的。这意味着外国收入 Y^* 前的进口收入弹性（或对于本国而言出口收入弹性）被高估了，也即是说 $a_5 = a_4^*$ 这一变量比 S1 中的要小。这将使得在 S2 中由于外需引致的本国出口变动比 S1 要小，继而本国收入变动受到外需变动的影响也比 S1 要小，并且 S2 中的 IS^* 曲线比 S1 更加平缓。

在低估情景（S3）中，本国并没有直接出口产品到外国，而是通过出口中间产品至第三国，再由第三国出口至外国，在这种情形下，本国出口至第三国的贸易有一部分是由外国的需求引致的，但这一部分并没有反映在本国对外国的出口贸易中，这将导致以本国向外国出口规模衡量的国外需求被低估。在这一情景中，外国收入 Y^* 前的进口收入弹性（或对于本国而言出口收入弹性）被低估了，$a_5 = a_4^*$ 这一变量比 S1 中的要大。这将使得在 S3 中由于外需引致的本国出口变动比 S1 要大，继而本国收入受到外需变动的影响也比 S1 要大，并且 S3 中的 IS^* 曲线比 S1 更加陡峭。

接下来的两节将分别分析高估情景（S2）和低估情景（S3）在不同汇率制度下（固定汇率制和浮动汇率制）与基准情景（S1）的 M-F 模型之异同。

2. 固定汇率制

固定汇率制是指本国货币盯住外国货币，二者保持固定。如果因为国际收支平衡发生变动导致本国汇率出现升值压力，则本国央行会通过在外汇市场买入外汇的方式避免升值，在不存在冲销操作的情形下，这将释放本币的流动性，使 LM 曲线右移；如果本国汇率出现贬值压力，则本国央行会通过在外汇市场卖出外汇的方式避免贬值，这将回收本币的流动性，使 LM 曲线左移。由于假定资本自由流动，BP 曲线是一条水平线，它将随着利率的变动上下移动。

（1）外国扩张的货币政策

在 S1 即传统的 M-F 分析框架中，外国扩张的货币政策将使得 LM* 曲线右移，这将使得外国利率下降且外国收入上升。外国利率下降将导致资金从外国流向本国，本币面临升值压力。本国央行为了避免汇率升值，将在外汇市场上买入外汇资产，在不进行冲销操作的情况下，这将使得 LM 曲线右移，本国利率下降至同外国利率相同的水平。同时，外国收入上升意味着本国出口上升，本国 IS 曲线右移，继而本国收入也上升，带来 IS* 曲线右移。最终，两国的收入水平均上升。因此，在固定汇率制下，外国扩张的货币政策将带来"协同效应"（Locomotive Effect），促进外国和本国收入水平均上升。

在高估情景（S2）中，外国扩张的货币政策将使得 LM* 曲线右移，这一移动规模同 S1 是一样的。但是由于 IS* 曲线更加平缓，这使得 IS* 曲线同 LM* 曲线相交得到的外国收入比 S1 时要高。然而，由于 S2 中外国的进口收入弹性较小，二者相互抵消，S2 中由于外国收入上升引致的本国出口并不比 S1 多，这样，国际收支的情况同 S1 是一致的。因此，S2 下外国扩张的货币政策也将带来"协同效应"，且这一政策的溢出效果同 S1 没有不同。

在低估情景（S3）中，由于 IS* 曲线更加陡峭，这使得 IS* 曲线同 LM* 曲线相交得到的外国收入比 S1 时要低。然而，由于 S3 中外国的进口收入弹性较大，二者相互抵消，S3 的出口并不比 S1 少，这样，国际收支的情况同 S1 是一致的。因此，同 S2 一样，S3 下外国扩张的货币政策也将带来"协同效应"，且这一政策的溢出效果同 S1 没有不同。

总结：在资本自由流动及固定汇率制度下，外国扩张的货币政策在 S1、S2 和 S3 下均将带来两国经济的"协同效应"，国内外收入均上升，且政策溢出效应一致。

（2）外国扩张的财政政策

在 S1 即传统的 M-F 分析框架中，外国扩张的财政政策将使得 IS* 曲线右移，这将同时带来外国利率和外国收入的上升。外国利率的上升意味着资金将从本国流向外国，本币面临着贬值压力，为了保持本币汇率稳定，本国的央行需要出售外汇资产抑制本币贬值，这将使得本国 LM 曲线向左移动，本国收入下降。外国收入的上升则意味着外需的上升，本国向外国的出口增加，这将使得本国的 IS 曲线右移，本国收入上升。如果外需上升带来的本国收入上升不足以弥补利率上升带来的本国收入下降，那么外国扩张的财政政策就将导致本国收入减少，反过来又将通过外需渠道减少对外国产品的进口，使得 IS* 曲线左移，削减外国扩张财政政策的效果，使得外国收入降低。这就出现了所谓"以邻为壑效应"（Beggar-thy-neighbor effect）。

在高估情景（S2）中，外国扩张的财政政策将使得 IS* 曲线右移，其带来的外国收入上升及利率上升与 S1 并没有差异。但是由于外国的进口收入弹性小于 S1 时的进口收入弹性，收入上升带来的从本国的进口也就没有 S1 中那么高，外国财政扩张带来本国收入上升的效应比 S1 小。与此同时，外国财政扩张带来的利率上升对本国收入下降的效应同 S1 相同，这样，本国收入出现恶化的可能性高于 S1。故而在 S2 中，出现"以邻为壑效应"的可能性高于 S1。

在高估情景（S3）中，外国扩张的财政政策带来的外国收入上升及利率上升与 S1 并没有差异。但是由于外国的进口收入弹性大于 S1 时的进口收入弹性，收入上升带来的从本国的进口将高于 S1 的水平，本国向外国出口规模将高于 S1 时的规模，从而更多地提升本国的收入。与此同时，外国财政扩张带来的利率上升对本国收入下降的效应同 S1 相同，这样，本国收入出现恶化的可能性低于 S1。故而在 S3 中，出现"以邻为壑效应"的可能性相对较低。

（3）本国扩张的货币政策

本国扩张的货币政策将使得 LM 曲线右移，本国利率下降，这将使得资本从本国流向外国，本币面临贬值压力。为了保证汇率稳定，本国央行将卖出外汇储备，这又将使得 LM 曲线左移回初始位置。这样，在固定汇率制下，本国扩张的货币政策是无效的，这对于 S1、S2 和 S3 均成立。

(4) 本国扩张的财政政策

在基准情景（S1）中，本国扩张的财政政策将使得 IS 曲线右移，这将带来本国利率和本国收入的上升。本国利率上升使得资金从外国流向本国，本币面临升值压力，中央银行将在外汇市场上买入外汇，保持汇率稳定，这将带来本国货币供给上升，使 LM 曲线右移。本国收入上升将带来从国外进口的增加，促使 IS* 曲线右移，国外收入上升，这样，外需的上升又将进一步带动本国出口上升，本国 IS 曲线进一步右移。因此，本国扩张的财政政策将同时促进本国收入和外国收入的提升，对本国收入的提升作用将高于封闭经济时的情形。因此，本国扩张的财政政策将有助于实现"协同效应"。

在高估情景（S2）中，本国扩张的财政政策同样使得 IS 曲线右移，带来本国利率和本国收入的上升。利率的影响渠道同 S1 保持一致，但收入的影响效果有差异。尽管这一政策同样使得 IS* 曲线右移，进而带来国外收入的上升，但是由于外国的进口收入弹性小于 S1，因此国外收入上升引致的本国出口上升规模也小于 S1 时的规模，这样，本国 IS 曲线进一步右移的规模较小，本国收入上升的幅度没有 S1 时多。因此，在 S2 中，本国扩张的财政政策同样有助于"协同效应"

的实现，但是其政策效果不如 S1。

在低估情景（S3）中，本国扩张的财政政策带来本国利率和本国收入的上升，利率的影响结果类似，但是收入的影响结果不同。由于国外进口收入弹性大于 S1 时的弹性，本国扩张的财政政策带来国外收入上升引致的本国出口上升规模将大于 S1 时的规模，这样，本国 IS 曲线进一步右移的规模较大，本国收入上升幅度高于 S1 时的上升幅度。因此，在 S3 中，"协同效应"更加显著。

（5）总结

表 7-1 总结了固定汇率制下不同情景下的政策协调结果。货币政策效果不因价值链的影响而改变，价值链主要改变财政政策的扩张效果。在国外需求被高估的情景（S2）中，外国扩张的财政政策具有更高的"以邻为壑效应"，对本国的负面溢出更大，本国扩张的财政政策具有更低的"协同效应"，扩张效果下降。在国外需求被低估的情景（S3）中，外国扩张的财政政策具有更低的"以邻为壑效应"，对本国的负面溢出相对更小，本国扩张的财政政策具有更高的"协同效应"，扩张效果更好。

表 7-1　　　　　固定汇率制不同情景下的政策协调结果

	基准情景（S1）	高估情景（S2）	低估情景（S3）
固定汇率制			
（1）外国扩张的货币政策	协同效应	协同效应	协同效应

续表

	基准情景（S1）	高估情景（S2）	低估情景（S3）
固定汇率制			
（2）外国扩张的财政政策	以邻为壑效应	更高的以邻为壑效应	更低的以邻为壑效应
（3）本国扩张的货币政策	无效	无效	无效
（4）本国扩张的财政政策	协同效应	更低的协同效应	更高的协同效应

3. 浮动汇率制

浮动汇率制下，资本的流动会带来汇率的波动，此时本国和外国的央行均不会干预外汇市场，这样，也就不会影响 LM 曲线的移动。但是汇率作为相对价格，其变动会影响两国的国际收支（贸易）水平，继而影响 IS 曲线的移动。需要注意的是，本书在此假定汇率对贸易水平的影响在三个情景下保持不变。

（1）外国扩张的货币政策

在 S1 即传统的 M-F 分析框架中，外国扩张的货币政策将使得 LM^* 曲线右移，这使得外国的利率下降，资本从外国流向本国，外币出现贬值。外币贬值使得外国出口规模上升，继而带动 IS^* 曲线右移，外国收入上升；本币升值使得本国出口规模下降，IS 曲线左移，本国收入下降。外国收入上升将带来从本国进口的增加，一定程度上弥补本国收入因外国扩张的货币政策而出现的下降，但均衡时本国收入仍然下降；本国收入下降还会导致外国收入也出现一定程度的下降，从而使得扩张的货币政策对外国的收入促进效应被削弱。这样，浮动汇率制下外国扩张的货币政策实质上起到的是"以邻为壑"的效果。

在高估情景（S2）中，外国扩张的货币政策使得 LM^* 曲线右移，外币贬值，本币升值。这一相对价格的调整对外国收入和本国收入变化的影响与 S1 保持一致。但是外国收入上升带来的从本国进口的增加幅度小于 S1 时的情形，这使得本国收入进一步上升的规模受到限制，均衡时本国收入下降的规模大于 S1 时的情形，但是本国收入下降带来的从外国进口的降低幅度则小于 S1 时的情形，外国收入因此下降的幅度也就低于 S1 时的情形。这样，在 S2 中，本国的收入水平低于 S1 时的收入水平，外国的收入水平高于 S1 时的收入水平，从而在这种情境下，外国扩张的货币政策更加"损人"，而"不利己"的程度则有所下降，"以邻为壑效应"更加显著。

在低估情景（S3）中，外国扩张的货币政策使得 LM^* 曲线右移，外币贬值，本币升值。这一相对价格的调整对外国收入和本国收入变化的影响与 S1 保持一致。但是外国收入上升带来的从本国进口的增加幅度大于 S1 时的情形，这使得本国收入进一步上升至高于 S1 的规模，继而对外国收入产生的不利影响也就更小。在 S3 中，本国和外国的收入水平均高于 S1 时的收入水平，从而在这种情境下，外国扩张的货币政策"以邻为壑效应"被削弱。

（2）外国扩张的财政政策

在基准情景（S1）中，外国扩张的财政政策将使得 IS^* 曲线右移，从而带来外国利率和外国收入的上升。外国利率上升会使得外国货币升值而本国货币贬值，这将带来外国出口下降和本国出口上升，继而推动 IS^* 曲线左移和 IS 曲线右移。本国收入上升有两个渠道，一个是本币贬值促进出口，另一个是外国收入上升带动本国出口，而本国收入上升后，又将进一步带动 IS^* 曲线右移，抵消部分因外币升值带来的外国收入下降。因此，外国扩张的财政政策将同时改善外国和本国的收入，实现"协同效应"。

在高估情景（S2）中，外国扩张的财政政策同样使得 IS^* 曲线右移。外币贬值和本币升值对出口的影响渠道与 S1 中相同。但是由于外国进口收入弹性小于 S1 时的弹性，外国收入带动本国出口的规模小于 S1 时的规模，因此本国收入上升的规模不如 S1。外国扩张的财政政策实现的"协同效应"小于 S1。

在低估情景（S3）中，外国扩张的财政政策同样使得 IS^* 曲线右移。外币贬值和本币升值对出口的影响渠道与 S1 中相同。但是由于外国进口收入弹性大于 S1 时的弹性，外国收入带动本国出口的规模大于 S1 时的规模，因此本国收入相比 S1 时将上升得更多。外国扩张的财政政策实现的"协同效应"大于 S1。

（3）本国扩张的货币政策

在基准情景（S1）中，本国扩张的货币政策将使得 LM 曲线右移，带来本国利率的下降。这将使得资金从本国流向外国，本国货币贬值，外国货币升值。本国货币贬值带来本国出口的好转，IS 曲线向右移动；外国货币升值带来外国出口恶化，IS* 曲线向左移动。这样，本国收入上升，而外国收入下降。外国收入的下降导致从本国进口的产品下降，这会恶化本国出口，继而 IS 曲线向左移动。本国扩张的货币政策使得本国收入的上升不及封闭经济时的情形，同时还会恶化外国收入，故而产生了"以邻为壑效应"。

在高估情景（S2）中，本国扩张的货币政策同样使 LM 曲线右移，带来本国货币贬值和外国货币升值，从而导致本国收入上升，外国收入下降。但是，由于外国的进口收入弹性相对于 S1 时的水平较低，外国收入下降导致的本国出口下降不及 S1 时的规模，继而本国收入蒙受的损失也不及 S1 时那么大，但是本国收入上升带来的外国出口的上升也不及 S1 时的规模，继而外国收入下降的幅度高于 S1 的情况。因此，本国采取扩张的货币政策更加"损人"，但是"不利己"的幅度下降，因此"以邻为壑效应"的规模高于 S1。

在低估情景（S3）中，本国扩张的货币政策使 LM 曲线右移，带来本国货币贬值和外国货币升值，从而导致本国收入上升，外国收入下降。但是，由于外国的进口收入弹性相对于 S1 时的水平较高，外国收入下降导致的本国出口下降规模将超过 S1 时的规模，继而本国将蒙受更大的收入下降损失，与此同时，本国收入上升所引致的外国出口规模的上升也将超过 S1 时的规模，外国收入的下降不及 S1 的情形，因此，本国采取更加扩张的货币政策更加"不利己"，但是"损人"的幅度下降，"以邻为壑效应"的规模将低于 S1。

（4）本国扩张的财政政策

在基准情景（S1）中，本国扩张的财政政策将使得 IS 曲线右移，这将使本国利率上升，资金流向本国。这样，本国货币将升值，而外国货币将贬值。本币升值导致 IS 曲线左移，本国收入下降；外币贬值导致 IS^* 曲线右移，外国收入上升。外国收入上升会带来对本国进口的上升，继而弥补本币升值导致的本国收入下降的损失。均衡状态时，本国扩张的财政政策将带来本国和外国的收入水平均高于初始水平，故而产生"协同效应"。

在高估情景（S2）中，本国扩张的财政政策同样使得本国货币升值，外国货币贬值，继而导致本国收入下降，外国收入上升。但是，由于外国的进口收入弹性小于 S1 的弹性规模，外国收入上升带来的本国出口上升小于 S1 的情形，这会使得本国最终收入水平不及 S1 的水平，故而 S2 中本国扩张财政政策的"协同效应"不如 S1 时的情况。

在低估情景（S3）中，本国扩张的财政政策同样使得本国货币升值，外国货币贬值，继而导致本国收入下降，外国收入上升。但是，由于外国的进口收入弹性大于 S2 的弹性规模，外国收入上升带来的本国出口上升大于 S1 的情形，这会使得本国最终收入水平高于 S1 的水平，故而 S3 中本国扩张财政政策的"协同效应"将高于 S1 时的情况。

（5）总结

表 7-2 总结了浮动汇率制下不同情景下的政策协调结果。货币政策和财政政策效果均受到价值链的影响。在国外需求被高估的情景（S2）中，外国扩张的货币政策具有更高的"以邻为壑效应"，对本国的负面溢出更大，本国扩张的货币政策具有更低的"以邻为壑效应"，外国和本国扩张的财政政策均具有更低的"协同效应"，扩张效果下降。在国外需求被低估的情景（S3）中，外国扩张的货币政策具有更低的"以邻为壑效应"，对本国的负面溢出下降，本国扩张的货币政策具有更高的"以邻为壑效应"，外国和本国扩张的财政政策均具有更高的"协同效应"，扩张效果

更好。

表 7-2　　浮动汇率制不同情景下的政策协调结果

	基准情景（S1）	高估情景（S2）	低估情景（S3）
浮动汇率制			
（1）外国扩张的货币政策	以邻为壑效应	更高的以邻为壑效应	更低的以邻为壑效应
（2）外国扩张的财政政策	协同效应	更低的协同效应	更高的协同效应
（3）本国扩张的货币政策	以邻为壑效应	更低的以邻为壑效应	更高的以邻为壑效应
（4）本国扩张的财政政策	协同效应	更低的协同效应	更高的协同效应

（三）全球价值链与国际宏观经济政策溢出效应的具体分析

上一节从理论的角度论述了全球价值链网络延伸对宏观经济溢出效应的影响，得出了需求高估和低估情形下货币政策和财政政策溢出效应的变动。本部分将基于本书第三章第二节测算的增加值数据做一应用，将其与一般出口贸易衡量的外部需求之间进行比较，重点考察中国、日本、美国和德国的情况，在此基础上，重新衡量这些国家宏观经济政策的溢出效应。本节分别描述加总层面和双边层面的特征事实及其对宏观经济政策溢出效应的影响。

1. 加总层面的特征事实及其对宏观经济政策溢出效应的影响

本部分分析主要国家（中国、美国、日本和德国）加总层面的 GVC 口径的外需规模和传统出口规模（见图 7-1）。基于本书第三部分的测算方法，以 2011 年数据作为本节的分析基础。在加总情形下，所有国家以传统出口规模衡量的外需都是被高估的，但是高估的程度各不相同。其中高估幅度最低的是美国，大约高估了 3%，高估幅度最高的是德国，高估了约 45%，中国被高估的幅度为 23%，日本被高估了 14%。

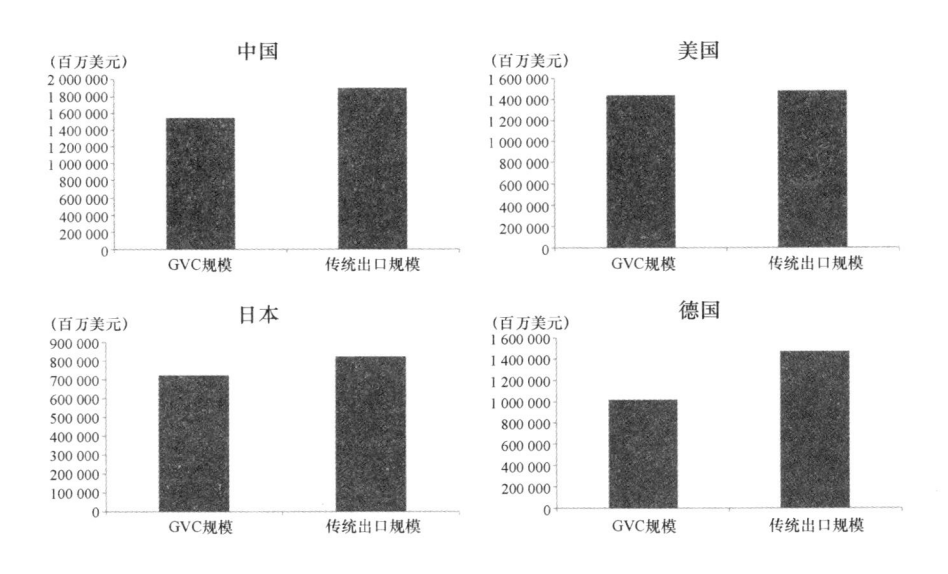

图 7-1 2011 年主要国家 GVC 规模和传统出口规模之间的差异

在高估情景中，固定汇率制（中国可对应这种情形）下，外国扩张的货币政策与基准情形保持一致，具有相同的"协同效应"，但是外国扩张的财政政策则会造成更高的"以邻为壑效应",这主要是因为外需的作用在实质上被高估了,因此外国扩张的财政政策带来的需求效应比基准情形时要小,与此同时,扩张的财政政策还会导致外国利率的上升,本国资本外流,央行通过卖出外汇储备稳定货币,这对于本国而言是紧缩的货币政策。这意味着对于中国而言,考虑全球价值链的影响,在保持汇率相对稳定的情形下,世界范围内的财政扩张对中国的负面影响更大。同时,国内扩张的货币政策仍然是无效的,而国内扩张的财政政策对外的"协同效应"则更低。这意味着,在固定汇率制分析框架下,考虑全球价值链的影响,中国国内扩张的财政政策对国外的正面影响小于基准情形。

在高估情景下,浮动汇率制(美国、德国、日本对应这种情形)下,外国扩张的货币政策会带来更高的"以邻为壑效应",这是由于外国货币贬值对本国出口产生负面影响,同时,由于外需被高估,外部需求的扩张带来的出口比基准情形要小,这意味着考虑全球价值链的影响,浮动汇率国家受到外部扩张财政政策的负面影响更大。同时,外国扩张的财政政策对本国出口的影响小于基准情形,故而其协同效应也小于基准情形。总体而言,在考虑全球价值链影响的情形下,外国扩张的货币政策和财政政策对本国的负面影响上升、正面影响下降。类似的，本国采取扩张的货币政策和财政政策也更加容易出现既"损人"又不"利己"的情况。

2. 双边层面的特征事实及其对宏观经济政策溢出效应的影响

接下来，本书分析主要经济体双边宏观经济政策溢出效应。首先分析中国与主要贸易伙伴基于 GVC 和传统口径的比较（见表 7 – 3）。一个基本的趋势是，中国对东亚价值链内的国家出口的规模被高估，而对美国和欧洲国家出口的规模被低估了。也即是说，东亚区内最终需求对于中国而言在价值链视角下的相对重要性下降，东亚区内贸易在很大程度上由欧美国家的最终需求驱动。这种非对称性会影响双边层面宏观经济政策溢出效应。

表 7 – 3　中国与主要贸易伙伴的出口贸易：GVC 和传统口径比较　（单位：百万美元）

	GVC 排序	GVC 规模	传统出口排序	传统出口规模
美国	1	339451.0	1	324856.0
日本	2	133708.1	2	147290.0
德国	3	85737.6	4	76433.4
印度	4	57191.6	6	50488.6
韩国	5	55515.3	3	82924.7
澳大利亚	6	53152.0	10	33906.5
俄罗斯	7	52719.2	8	38885.8

续表

	GVC 排序	GVC 规模	传统出口排序	传统出口规模
英国	8	47870.8	7	44113.0
加拿大	9	47348.2	19	25249.1
法国	10	44240.9	13	30244.1
意大利	11	33905.4	11	33709.4
巴西	12	30808.2	12	31854.3
印度尼西亚	13	28809.2	14	29256.5
土耳其	14	27591.8	23	15619.0
墨西哥	15	25282.3	20	23981.3

数据来源：GVC 数据为笔者测算，一般贸易数据来源为国际货币基金组织 DOT 数据库。

讨论中国和美国之间的关系，一般认为人民币对美元是相对稳定的，因此可以使用固定汇率制的框架，对应的是低估情景。在这种情况下，美联储宽松的货币政策对中国的溢出效应是正面的，具有"协同效应"，同时，财政扩张政策也意味着更低的"以邻为壑效应"，扩张的财政政策对中国的影响相对较小。

由于美元相对于其他国家的货币是自由浮动的，因此中国与其他国家之间可以使用浮动汇率框架。同欧洲国家对应的也是被低估的情景，因此欧元区宽松的货币政策对应的是更低的"以邻为壑效应"，扩张的货币政策对中国影响相对较小，而欧元区扩张的财政政策则对应着更高的"协同效应"，对中国经济有更加积极的作用。

与东亚国家对应的是被高估的情景,在这里主要关注日本的政策,日本宽松的货币政策对应的是更高的"以邻为壑效应",扩张的货币政策对中国的负面影响较大,而扩张的货币政策则对应着更低的"协同效应",对中国经济的积极作用较小。由此来看,在经过增加值调整之后,美国和欧洲对中国的宏观经济政策溢出效应都相对改善,而日本对中国的宏观经济政策溢出效应则出现恶化。

接下来分析日本与主要贸易伙伴基于 GVC 和传统口径的比较(见表 7-4)。比较而言,日本对东亚地区包括中国和韩国的出口规模被高估了,对美国的出口也略有高估,对主要欧元区国家(包括德国、法国、意大利)被低估了。也即是说,中国、美国的外部需求在传统贸易口径下被高估,而欧洲被低估了。以下具体分析这一事实对宏观经济政策溢出效应的影响。

表 7-4　日本与主要贸易伙伴的出口贸易:GVC 和传统口径比较　(单位:百万美元)

	GVC 排序	GVC 规模	传统出口排序	传统出口规模
中国	1	131092.1	1	161818.0
美国	2	115553.5	2	127774.0
韩国	3	28681.8	3	66006.9
德国	4	25939.0	8	23485.9
中国台湾	5	23811.9	4	50801.8
俄罗斯	6	19944.3	15	11826.3

续表

	GVC 排序	GVC 规模	传统出口排序	传统出口规模
澳大利亚	7	16330.3	11	17879.8
英国	8	14673.8	13	16413.4
加拿大	9	14440.0	21	8917.5
印度尼西亚	10	14429.2	12	17765.1
法国	11	12670.8	22	8183.2
墨西哥	12	10260.5	18	10225.9
巴西	13	9196.8	26	6207.7
印度	14	9182.0	17	11069.3
意大利	15	7926.1	27	5311.7

数据来源：GVC 数据为笔者测算，一般贸易数据来源为国际货币基金组织 DOT 数据库。

以美国的宏观经济政策为例分析高估情景，中国将是类似的情形。美国扩张的货币政策将带来更高的"以邻为壑效应"，对日本的负面影响较大，扩张的财政政策将带来更低的"协同效应"，对日本经济的积极作用较少。欧洲对日本的需求被低估，这意味着欧元区扩张的货币政策将带来更低的"以邻为壑效应"，对日本的负面影响较小，而扩张的财政政策将带来更高的"协同效应"，对日本经济的积极作用更大。由此来看，在经过增加值调整之后，美国和中国对日本的宏观经济政策溢出效应都相对改善，而欧元区对日本的宏观经济政策溢出效应则出现恶化。

接下来分析美国与主要贸易伙伴基于 GVC 和传统

口径的比较（见表7-5）。美国传统两大贸易伙伴——北美自由贸易区的加拿大和墨西哥的出口规模都被显著高估了，它们的外需对于美国的重要性远没有以传统出口规模衡量的那么大。美国对亚太地区和欧洲地区的出口规模则是被低估了，反映出中国、日本、欧元区国家的外需被低估。

表7-5　美国与主要贸易伙伴的出口贸易：GVC和传统口径比较　（单位：百万美元）

	GVC排序	GVC规模	传统出口排序	传统出口规模
加拿大	1	167469.9	1	281292.0
中国	2	148254.9	3	104122.0
墨西哥	3	98720.2	2	198289.0
英国	4	76873.3	5	56033.1
日本	5	73472.4	4	65799.7
德国	6	69788.6	6	49294.2
法国	7	43732.0	12	28864.2
韩国	8	38628.2	7	43461.6
巴西	9	36358.8	8	43018.8
澳大利亚	10	33325.3	13	27626.5
印度	11	31647.4	16	21542.2
西班牙	12	29942.7	26	11031.6
荷兰	13	28093.3	9	42227.1
意大利	14	27084.5	17	16041.8
中国台湾	15	16313.6	14	25932.5

数据来源：GVC数据为笔者测算，一般贸易数据来源为国际货币基金组织DOT数据库。

这意味着在分析主要地区对美国的宏观经济政策溢出效应时，应当关注的是低估的视角。在浮动汇率制的背景下，低估意味着外国扩张的货币政策将带来更低的以邻为壑的效应，外国扩张的财政政策则将带来更高的协同效应，由此来看，在经过增加值调整之后，中国、日本、欧元区国家对美国的宏观经济政策溢出效应都相对改善。

最后分析德国与主要贸易伙伴基于 GVC 和传统口径的比较（见表 7-6）。德国对美国的出口规模被低估，对中国的出口规模被高估，对日本的出口规模被低估，而对主要欧元区国家的出口规模则被显著地高估了。

表 7-6　德国与主要贸易伙伴的出口贸易：GVC 和传统口径比较　（单位：百万美元）

	GVC 排序	GVC 规模	传统出口排序	传统出口规模
美国	1	104120.1	2	101686.0
中国	2	87291.6	5	90080.2
法国	3	72438.5	1	141145.0
英国	4	58402.7	4	91249.8
意大利	5	53927.1	6	86455.4
瑞士	6	33065.8	7	80309.2
俄罗斯	7	32845.0	12	47899.3
西班牙	8	32086.4	11	48494.6
荷兰	9	27994.0	3	96647.0

续表

	GVC 排序	GVC 规模	传统出口排序	传统出口规模
波兰	10	22765.0	10	60602.4
比利时	11	21852.7	9	65405.2
日本	12	21235.0	17	20882.9
巴西	13	20913.4	20	15473.3
瑞典	14	16861.8	14	30684.0
土耳其	15	15526.6	15	27979.9

数据来源：GVC 数据为笔者测算，一般贸易数据来源为国际货币基金组织 DOT 数据库。

美国、日本宏观经济政策溢出效应应当从低估的视角来看，这里以美国为例进行分析，日本将是类似的情形。美国扩张的货币政策将带来更低的"以邻为壑效应"，扩张的财政政策将带来更高的"协同效应"，对于日本也是如此。对中国的溢出效应应当从高估的视角来看，中国扩张的货币政策将带来更高的"以邻为壑效应"，扩张的财政政策将带来更低的"协同效应"。德国对于主要欧元区国家的汇率是固定的，因此需要考虑固定汇率制下高估情景。考虑到欧元区的货币政策是共同的，因此只分析财政政策，其他欧元区国家扩张的财政政策将带来更高的"以邻为壑效应"。综合来看，在经过增加值调整之后，美国、日本对德国的宏观经济政策溢出效应将相对改善，而中国和其他欧元区国家宏观经济政策溢出效应则将恶化。

由于宏观经济政策的协调总是涉及两个国家之间政策的相互影响,因此,需要分析在考虑增加值调整之后彼此政策外溢效应究竟是上升了还是下降了。如果负面外溢效应同时改善,则两国在协调方面会更加顺利;如果一国的负面外溢效应改善而另一国恶化,则协调存在困难。表7-7总结了上述探讨的主要国家或地区两两之间经由增加值调整后的宏观经济政策溢出效应的变化,中美、美日和美欧的外溢效应出现了双向好转,而中日、中欧和日欧则是一方改善、一方恶化,应当更加重视这些国家间的协调。

表7-7　　　　　　　主要国家或地区间溢出效应总结

	溢出效应	溢出效应	国家对
中美	改善	改善	美中
中日	改善	恶化	日中
中欧	恶化	改善	欧中
美日	改善	改善	日美
美欧	改善	改善	欧美
日欧	改善	恶化	欧日

结　　论

基于世界投入产出表的数据，本书构建了加总和分行业的基于增加值人民币有效汇率。从加总的人民币增加值有效汇率视角来看，本书有以下发现。第一，人民币增加值有效汇率的样本期内升值幅度高于传统有效汇率，即传统有效汇率可能高估人民币对外竞争力。在观察期内，人民币被低估了大约8—12个百分点。换而言之，对有效汇率权重基于增加值数据进行调整之后，人民币的升值幅度显著提升。第二，这一差异来源主要是美、欧权重调升和东亚国家和地区权重调降，上述权重的变化对于理解竞争力变化和外部贬值冲击影响十分重要。在假定来自欧美和东亚地区外部冲击的情景分析中，基于增加值的人民币有效汇率变动与传统有效汇率也有较大差异。第三，本书首次在文献中比较了传统有效汇率和增加值有效汇率在进口竞争、出口直接竞争和出口第三方竞争权重上的差异。从竞争力分解来看,中国在出口市场面临的来自当地企业的竞争压力最大,在第三方市场面临的别国竞争压力次之,在国内市场面临的别国竞争压力最小,这一竞争压力情形与传统有效汇率的分解有显著不同。

从分行业的人民币增加值有效汇率视角来看,本书有以下发现。第一,从国际收支的服务贸易、境外附属机构服务贸易和附着在可贸易品上的服务三个角度阐释了测算包含服务业的全口径分行业人民币增加值有效汇率的必要性。第二,基于测算发现可贸易品行业和不可贸易品行业之间以及内部均存在异质性。研究表明,不同行业的基于增加值人民币有效汇率呈现不同的趋势,行业之间升值水平差异最高可达47%。这种差异性不仅仅存在于可贸易行业和不可贸易行业之间,在可贸易行业内部和不可贸易行业内部也存在,特别是伴随着服务贸易跨境流动及"贸易－投资－服务"三位一体格局的形成,传统被视为不可贸易的行业将会在外部竞争中遭遇更大的汇率冲击,对不可贸易行业有效汇率的构建与评估重要性上升。第三,基于全口径分行业增加值有效汇率,可以直接得出包括产品流通、运输在内的不可贸易品部门有效汇率升值将直接推高总体人民币有效汇率水平的结论,这一发现拓展了"巴拉萨－萨缪尔森效应"研究中分析可贸易品中不可贸易品作用的文献。此外本书还基于测算的增加值数据进行了一项与国际宏观经济政策协调相关的拓展分析。

　　本书的研究结论对中国而言有明确的政策含义。一方面，随着改革开放政策的实施，中国将会进一步地开放和发展服务业部门，传统的相对不可贸易部门将面临更多外部竞争和冲击，因此，专注于传统制造业的有效汇率是不足的。本书构建服务业领域有效汇率将有助于衡量这些行业的外部竞争力。另一方面，传统有效汇率在测算权重时选取了加总贸易流，在垂直分工的背景下，这一做法得出的权重是有偏误的。根据本书基于增加值的重新测算，传统有效汇率会显著低估人民币有效汇率的升值水平，从而高估人民币的对外竞争力，反之亦然。特别是在面临极端性外部冲击时，仅使用传统有效汇率会因冲击来源地区的不同而产生不同的偏误。因此，在分析对外竞争力变动和汇率冲击变动时，有必要同时考虑基于增加值的有效汇率，以便全面分析相关问题。

附　　录

附表1　代表性经济体增加值数据表（2008—2010年）：中国、美国、日本、德国、法国

国家名称缩写与国家全称信息

AUS	澳大利亚	ESP	西班牙	JPN	日本	RUS	俄罗斯
AUT	奥地利	EST	爱沙尼亚	KOR	韩国	SVK	斯洛伐克
BEL	比利时	FIN	芬兰	LTU	立陶宛	SVN	斯洛文尼亚
BGR	保加利亚	FRA	法国	LUX	卢森堡	SWE	瑞典
BRA	巴西	GBR	英国	LVA	拉脱维亚	TUR	土耳其
CAN	加拿大	GRC	希腊	MEX	墨西哥	TWN	中国台湾
CHN	中国	HUN	匈牙利	MLT	马耳他	USA	美国
CYP	塞浦路斯	IDN	印度尼西亚	NLD	荷兰	RoW	世界其他地区
CZE	捷克	IND	印度	POL	波兰		
DEU	德国	IRL	爱尔兰	PRT	葡萄牙		
DNK	丹麦	ITA	意大利	ROM	罗马尼亚		

行业的编号和对应中文行业信息

1	农林牧渔业
2	采矿和采石业
3	食品、饮料和烟草业
4	纺织材料和纺织制品业

续表

5	皮革，皮革制品和鞋业
6	木材、木材制品业
7	纸浆、纸、纸张、印刷和出版业
8	石油加工、炼焦及核燃料加工业
9	化学品和化工产品制造业
10	橡胶和塑料制品业
11	其他非金属矿物制品业
12	金属和金属制品业
13	设备制造业
14	电气和光学设备制造业
15	运输设备业
16	其他制造业（含回收利用）
17	电力、燃气、水的供应业
18	建筑业
19	汽车和摩托车的销售、维护和修理；燃料零售
20	批发贸易和经纪贸易（除了汽车和摩托车）
21	零售贸易（除了汽车和摩托车），家用商品修理
22	酒店和餐饮业
23	内陆运输业
24	水路运输业
25	航空运输业
26	其他支持和辅助运输业；旅行社活动
27	邮政通讯业
28	金融业
29	房地产业
30	租赁和商务服务业
31	公共管理和国防业；强制性社会保障
32	教育
33	卫生和社会工作
34	其他社区、社会和个人服务
35	雇用人员的私人家庭

中国 2008 年增加值数据表

(单位：百万美元)

国家\行业	AUS	AUT	BEL	BGR	BRA	CAN	CHN	CYP	CZE	DEU	DNK	ESP	EST	FIN	FRA	GBR	GRC	HUN	IDN	IND	IRL	ITA	JPN	KOR	LTU	LUX	LVA	MEX	MLT	NLD	POL	PRT	ROM	RUS	SVK	SVN	SWE	TUR	TWN	USA	RoW	外需国内增加值GVC收入	外需国外GVC收入
1	2112	389	566	73	957	3008	998930	44	300	4308	281	1737	40	297	2438	3429	366	118	1399	2027	461	2112	8831	3105	46	19	29	981	10	1240	708	156	203	4658	118	61	359	1782	776	18707	18627	468305	86275
2	1559	335	465	85	1120	2438	136810	499	250	3534	231	1260	27	208	1856	2138	301	151	912	2123	207	1528	5610	2768	42	21	24	1138	3	961	637	133	191	1596	119	59	290	811	932	15960	16802	205947	66737
3	795	119	196	34	293	1108	150940	15	98	1392	101	538	11	104	704	1055	102	39	307	564	199	563	3519	1217	17	6	10	338	3	446	240	56	57	1047	37	18	117	281	281	9999	6984	174453	29113
4	1925	394	456	34	798	2560	51231	28	266	4133	258	1850	49	246	2746	3562	373	73	984	1027	199	2338	7199	1887	36	14	26	556	8	807	640	109	194	5212	104	61	366	3218	363	19821	14490	126641	75410
5	172	51	62	7	140	539	12187	4	50	558	30	351	7	37	396	498	63	30	75	141	26	433	1164	323	6	3	3	99	1	104	130	18	24	1777	13	9	41	209	63	4558	1087	29462	13275
6	236	54	99	16	114	396	26336	9	34	699	48	210	5	33	331	453	56	35	121	673	46	299	1086	307	6	5	4	143	2	244	94	20	39	430	18	8	54	133	107	3150	1928	37722	11386
7	437	72	109	18	242	511	37545	11	57	853	56	298	7	62	476	595	76	31	205	461	64	348	1264	529	6	5	5	253	2	304	143	30	41	338	27	13	83	205	168	4373	3797	54217	16672
8	454	65	101	16	271	442	28079	13	50	745	47	249	6	43	410	482	59	31	201	434	43	323	1217	518	12	4	5	230	2	197	122	27	40	1753	23	12	61	163	156	3232	4482	43349	15270
9	1463	299	405	74	1276	1796	94258	42	299	3384	213	1263	27	191	1838	2184	279	140	953	2242	200	1486	5300	2057	32	8	11	1209	11	864	567	133	168	650	110	57	276	888	795	14931	14022	157454	63156
10	741	125	177	36	493	1008	52237	18	104	1604	110	538	9	95	881	1057	128	41	336	789	104	634	2409	731	17	8	7	659	5	990	277	55	72	366	55	24	199	325	278	7507	699	61857	29020
11	346	126	134	25	253	488	87698	14	62	918	63	355	7	49	433	523	76	44	179	637	54	797	1182	587	11	8	6	282	10	319	192	32	55	366	31	16	71	396	151	3785	4177	106546	16848
12	2077	471	675	145	1580	2942	149920	74	365	5265	345	1919	40	313	2660	2978	279	237	1399	2791	279	2292	7187	4050	60	14	36	1813	11	1299	985	208	293	2121	193	90	438	938	1113	22980	24444	246643	97623
13	1179	228	429	107	873	1665	46641	49	228	2930	206	995	26	162	1699	1656	297	126	779	1915	135	1315	3939	1583	30	12	45	932	5	816	566	95	153	1701	96	52	223	504	667	13274	11782	148469	53471
14	2798	633	661	204	2921	3818	77842	43	612	8656	366	2929	58	384	4166	4281	397	441	1596	2402	465	2558	10055	3753	70	32	7	3093	10	1436	1566	252	363	2230	352	136	621	984	1420	37324	13804	221105	130061
15	668	104	167	31	391	837	75308	21	70	1580	66	334	9	65	639	993	220	50	276	679	66	663	1569	752	22	6	6	401	2	422	393	18	72	1496	41	19	120	294	249	5207	9142	109869	28501
16	451	71	193	17	135	879	7559	8	50	1290	91	314	7	38	654	995	97	38	289	3733	50	365	1130	557	11	4	14	168	5	579	134	76	31	211	33	13	88	345	181	7752	1824	30206	22647
17	912	191	275	50	635	1209	90455	62	150	2132	137	750	12	131	1111	1317	176	90	525	1146	138	897	3011	1346	18	8	6	662	3	568	374	18	108	1945	41	11	174	511	417	9172	9350	124672	39017
18	99	23	66	2	14	27	267420	1	8	314	33	35	9	33	33	44	7	5	12	23	50	108	66	34	11	2	4	13	1	302	107	26	10	28	5	5	7	13	289	213	463	269944	2424
19	0	0	0	0	0	0	0	0	0	0	0	0	0	0	0	0	0	0	0	0	0	0	0	0	0	0	0	0	0	0	0	0	0	0	0	0	0	0	0	0	0	0	0
20	1526	333	477	85	1088	1847	225840	46	240	3693	258	1304	31	240	2009	2273	302	161	891	1779	307	1759	5617	2117	44	10	25	1058	8	955	631	142	182	1880	130	68	326	846	645	14910	36313	312356	86496
21	538	98	77	15	293	441	46614	8	45	665	44	230	5	44	348	415	55	28	175	310	45	289	908	2280	7	4	4	203	1	177	119	23	32	997	25	11	63	147	117	3038	5510	64614	17973
22	876	102	163	16	190	1157	95252	13	74	753	49	225	6	187	384	1199	61	32	455	665	585	333	992	456	18	12	5	194	5	248	120	33	38	28	24	11	72	157	118	3188	3891	95252	17410
23	906	163	226	40	473	952	97408	32	112	1747	115	575	13	103	898	1100	134	75	529	880	106	721	2385	1079	9	5	11	475	2	464	301	59	98	330	56	27	142	410	294	7011	11005	131970	34562
24	327	68	93	16	211	364	22865	11	45	781	55	242	6	47	367	564	55	29	272	330	42	312	1914	486	9	4	5	184	2	178	116	28	34	330	25	13	67	183	124	2667	12537	45817	23162

续表

行业编码	AUS	AUT	BEL	BGR	BRA	CAN	CHN	CYP	CZE	DEU	DNK	ESP	EST	FIN	FRA	GBR	GRC	HUN	IDN	IND	IRL	ITA	JPN	KOR	LTU	LUX	LVA	MEX	MLT	NLD	POL	PRT	ROM	RUS	SVK	SVN	SWE	TUR	TWN	USA	RoW	内部GVC收入	外部GVC收入
25	919	14	22	4	25	177	3959	1	9	166	9	40	1	9	122	329	10	13	85	42	12	112	684	157	1	3	1	30	1	57	21	7	6	43	4	2	13	28	19	1673	1387	10095	6226
26	173	43	70	6	72	148	33922	4	19	410	30	57	3	19	197	225	27	19	93	119	19	163	484	238	4	3	2	69	2	104	53	11	14	140	10	5	27	76	43	1111	2258	40633	6611
27	999	106	211	43	252	457	90944	16	64	1881	88	317	3	73	498	807	78	44	494	525	63	451	1389	847	13	8	6	255	2	395	173	53	140	415	32	15	126	194	151	3651	4831	111115	20071
28	1245	234	330	59	760	1498	169370	43	179	2618	166	914	20	181	1401	1687	211	113	622	1231	218	1071	3907	1749	26	15	16	782	6	761	440	91	126	1295	89	42	229	618	457	11846	12710	213983	50013
29	431	74	111	28	232	479	199630	11	56	854	55	295	2	68	462	593	83	36	204	406	76	358	1204	556	8	5	5	233	2	334	144	30	42	476	28	13	79	217	136	3826	4323	212189	16659
30	1330	229	384	54	609	1359	109050	31	153	2362	179	789	18	351	1778	1845	178	119	462	1069	356	1029	9009	1881	24	15	15	665	5	1765	397	34	113	1038	76	35	513	466	366	18536	10822	164464	55414
31	13	3	4	1	8	16	166380	1	2	32	2	5	0	2	16	19	5	6	8	14	3	12	68	294	4	0	1	8	0	9	5	1	8	7	5	0	3	7	5	126	149	167258	878
32	182	13	19	3	39	83	137890	3	9	143	10	277	1	10	78	109	12	7	41	69	11	61	222	156	4	2	1	40	0	48	25	5	2	83	5	2	13	33	25	678	769	140947	3057
33	147	13	19	4	46	91	70568	3	11	126	11	277	1	10	84	170	13	7	42	77	9	64	216	110	2	3	1	48	0	42	30	9	8	364	5	3	13	33	30	711	672	72597	3049
34	737	81	234	18	194	411	88900	17	54	860	75	1099	0	177	480	1099	419	60	173	588	73	366	988	583	9	24	6	196	2	1819	147	55	0	0	26	12	92	170	124	3217	3729	106617	17717
35	28759	5474	7663	1343	17001	35121	3356473	1196	4125	61323	4026	21383	483	4187	32642	40652	5177	2466	15143	31677	4668	25668	90254	38890	619	351	377	17410	133	19705	10616	2124	3000	39979	1987	943	5305	15587	10599	278312	29309	4521288	0
GDP in mn USD																																										1146815	0

中国2009年增加值数据表

(单位:百万美元)

行业\国家	AUS	AUT	BEL	BGR	BRA	CAN	CHN	CYP	CZE	DEU	DNK	ESP	EST	FIN	FRA	GBR	GRC	HUN	IDN	IND	IRL	ITA	JPN	KOR	LTU	LUX	LVA	MEX	MLT	NLD	POL	PRT	ROM	RUS	SVK	SVN	SWE	TUR	TWN	USA	RoW	外部和内部GVC收入	外部GVC收入
1	2265	368	540	57	859	2950	454768	24	278	4213	264	1483	26	269	2343	2933	299	97	1513	2392	467	1798	9104	2667	34	18	18	857	9	1115	610	148	142	3605	116	54	325	1994	729	17455	16683	515649	80880
2	1642	303	376	54	862	2012	169406	26	214	3073	197	831	16	157	1601	1667	223	112	883	2108	150	1114	4938	1975	22	18	12	893	9	757	449	96	108	1114	97	42	223	622	720	13017	13325	216657	56062
3	881	107	181	20	261	1141	162330	8	89	1346	96	453	8	95	677	881	85	32	307	603	207	491	3711	1086	12	13	6	288	3	401	201	57	41	888	34	15	109	262	247	5608	6071	189434	27106
4	1990	370	435	26	746	2263	63406	19	246	4051	221	1659	32	223	2675	3162	291	60	995	1212	205	2038	7309	1483	26	23	17	502	7	762	586	106	133	4820	113	56	335	3095	345	14484	13206	133686	70280
5	187	50	60	5	129	502	14463	3	43	582	25	308	5	35	400	467	56	8	76	175	26	374	1225	283	4	2	2	84	1	91	119	18	18	1513	12	9	34	175	67	4855	888	28879	12346
6	232	48	79	8	92	313	30388	3	28	536	36	138	3	25	278	349	38	14	108	797	28	180	995	236	3	2	2	107	1	181	68	14	20	159	15	6	40	93	88	2624	1444	39821	9433
7	447	68	99	13	201	456	42600	5	52	784	51	216	4	45	433	493	63	26	186	495	61	293	1252	439	5	3	3	209	2	251	109	24	27	335	24	10	72	167	153	3996	3058	57233	14633
8	467	65	88	12	181	371	33108	4	45	678	48	175	3	25	356	365	47	25	205	396	78	244	1183	384	9	8	3	181	10	166	94	21	23	247	20	9	50	132	121	2738	3401	45761	12652
9	1462	273	348	52	1045	1593	111235	22	255	3074	183	949	16	153	1702	1801	226	108	2319	2840	160	1197	4675	1683	19	4	13	1000	4	732	433	106	113	1395	93	45	223	703	741	13122	12064	166214	54979
10	342	123	161	25	411	907	38740	9	96	1497	95	440	8	79	820	896	107	30	866	704	36	527	2337	626	5	4	5	544	3	342	210	46	47	466	47	18	116	260	249	6893	6060	63298	26557
11	2031	114	108	16	198	403	98651	6	52	768	48	216	4	35	365	410	55	30	604	396	36	296	6133	476	6	8	5	208	10	215	139	23	33	232	26	11	54	299	123	3118	3249	110962	13510
12	1102	212	501	82	1255	2343	182646	31	303	4423	270	1143	21	226	2231	2287	326	161	1222	2793	274	1511	6133	2668	31	25	26	1401	10	1028	656	136	156	1286	146	60	315	652	864	19256	19026	262062	77617
13	377	90	322	59	684	1287	114692	23	172	2995	162	668	12	120	1991	1272	223	99	690	1967	55	919	3455	1279	14	4	11	710	9	662	380	70	77	1090	76	36	163	360	575	10518	9174	156728	42636
14	2933	587	610	142	2498	3519	105916	27	613	7881	330	1810	34	449	9969	3710	339	286	1316	2840	82	2095	9999	3329	46	25	26	2711	12	1209	1151	202	259	1651	285	111	516	776	1305	36352	28163	233405	123080
15	734	99	178	21	293	657	88938	7	56	1486	71	234	4	52	558	729	29	35	291	704	55	569	1490	715	8	36	3	302	9	401	171	43	36	501	30	13	89	197	194	4163	8180	109584	23746
16	461	64	165	11	127	715	110624	6	43	1271	41	243	5	57	581	804	66	14	291	844	32	280	1117	2760	12	2	7	114	0	444	104	17	21	751	88	11	70	267	196	6929	1231	31886	21262
17	925	176	240	32	513	1052	109993	12	130	1892	119	508	10	101	984	1046	125	68	478	1186	112	686	2779	1032	46	11	11	529	9	467	271	88	65	435	15	25	139	401	350	7927	7428	136674	32680
18	125	64	41	1	12	56	32584	0	10	258	10	11	4	4	30	33	0	31	44	23	3	123	64	0	8	0	3	11	0	177	116	2	10	265	0	2	6	10	7	189	409	327881	2038
19	0	0	0	0	0	0	0	0	0	0	0	0	0	0	0	0	0	0	0	0	0	0	0	0	0	0	0	0	0	0	0	0	0	0	0	0	0	0	0	0	0	0	0
20	1632	404	745	61	929	1896	279984	21	246	4182	417	1009	9	229	2436	2095	270	188	903	1863	963	2225	766	2293	28	45	16	904	1	903	545	143	132	1705	121	56	316	671	581	13990	24995	351555	77571
21	699	57	72	11	391	540	56610	3	44	635	41	165	2	36	334	366	51	22	214	351	89	234	914	2760	4	4	2	178	1	157	93	19	21	435	24	8	72	123	108	3989	2907	72228	16118
22	972	99	164	11	166	1453	88765	4	78	728	54	192	2	182	371	851	52	28	372	609	614	285	1008	407	5	6	3	165	2	213	95	30	24	265	23	9	64	130	106	2967	2623	104198	15433
23	1290	216	286	57	397	1113	110403	9	110	1933	220	413	9	64	962	887	111	82	709	957	113	646	2449	1011	11	17	6	383	8	430	287	49	53	270	48	21	140	334	249	6291	6514	139883	29480
24	446	99	115	18	175	453	20378	4	49	1128	49	185	6	64	386	499	51	30	454	355	45	270	3675	586	5	6	3	160	0	197	124	25	29	270	23	11	65	187	117	2540	7277	48564	20186

续表

国家/行业	AUS	AUT	BEL	BGR	BRA	CAN	CHN	CYP	CZE	DEU	DNK	ESP	EST	FIN	FRA	GBR	GRC	HUN	IDN	IND	IRL	ITA	JPN	KOR	LTU	LUX	LVA	MEX	MLT	NLD	POL	PRT	ROM	RUS	SVK	SVN	SWE	TUR	TWN	USA	RoW	内部间内部GVC收入	外部间外部GVC收入
25	1203	23	27	4	22	264	5350	1	10	179	21	34	1	10	164	129	10	16	97	43	14	96	763	160	1	1	1	25	1	55	23	7	5	34	4	2	15	24	17	1480	472	10806	5456
26	190	47	78	5	57	142	37570	2	17	413	105	71	2	19	221	154	24	19	95	116	20	134	514	210	2	6	2	53	3	94	45	10	10	104	9	4	30	63	35	932	1339	42964	5394
27	1072	140	231	27	219	438	106984	7	61	1106	118	229	5	83	528	748	72	57	438	549	61	405	1493	767	6	8	4	217	2	808	153	56	119	319	28	12	164	199	136	3395	3378	124778	17794
28	1531	262	345	46	730	1606	210140	15	188	2796	197	728	14	159	1496	1621	198	102	690	1515	240	1032	4350	1729	18	19	10	740	7	730	403	85	92	1131	86	38	225	576	456	12175	10983	295692	49362
29	529	87	129	15	234	533	256170	12	149	932	69	250	5	138	521	572	81	34	225	517	108	378	1427	593	6	7	3	227	2	337	131	30	33	447	28	12	83	209	141	4104	3737	273073	16903
30	1367	227	352	57	552	1358	134059	12	149	2318	175	591	11	138	1456	1568	157	93	462	1162	380	1021	3781	1659	15	19	9	593	5	1187	314	81	76	831	76	29	484	401	343	18649	8547	184692	50633
31	18	4	4	1	9	19	186948	1	3	39	2	5	0	2	18	20	9	10	9	19	13	13	104	202	6	0	0	39	0	12	5	1	1	16	1	2	3	8	6	143	150	187828	880
32	264	15	15	3	38	94	155237	2	10	154	12	40	1	9	86	96	12	7	44	86	60	57	259	130	15	1	1	45	0	48	22	5	5	64	7	2	14	31	25	711	615	158283	3046
33	179	14	195	3	44	89	79689	1	11	161	9	42	1	9	92	131	12	6	42	94	57	83	231	91	1	1	1	173	0	40	24	7	5	66	6	2	12	30	29	712	630	82647	2957
34	722	84	195	13	176	421	103596	7	52	872	80	218	4	154	535	797	366	56	181	399	81	328	1060	497	6	21	4	173	3	1737	119	50	29	299	15	10	93	145	117	3112	2892	119728	16132
35	0	0	0	0	0	0	0	0	0	0	0	0	0	0	0	0	0	0	0	0	0	0	0	0	0	0	0	0	0	0	0	0	0	0	0	0	0	0	0	0	230280	0	0
	31098	5401	7316	926	14506	33930	3954729	326	3814	57884	4004	15622	296	3398	30979	33840	4289	1997	14916	39055	4860	22020	9522	33780	374	368	217	14563	138	16649	8247	1787	1963	26907	1747	748	4658	13155	9537	247935	GDP in mn USD 4521288	1168815	

108 国家智库报告

中国 2010 年增加值数据表

(单位：百万美元)

国家 行业	AUS	AUT	BEL	BGR	BRA	CAN	CHN	CYP	CZE	DEU	DNK	ESP	EST	FIN	FRA	GBR	GRC	HUN	IDN	IND	IRL	ITA	JPN	KOR	LTU	LUX	LVA	MEX	MLT	NLD	POL	PRT	ROM	RUS	SVK	SVN	SWE	TUR	TWN	USA	RoW	外部和内部GVC收入	外部GVC收入
1	2699	419	592	44	1282	3238	501824	25	328	4614	268	1709	28	315	2550	3379	302	109	2088	3052	665	2140	10017	3369	35	28	18	1098	11	1181	703	166	148	5212	132	55	392	2309	841	19944	21433	598762	96938
2	2128	372	450	44	1335	2448	188234	24	279	3647	225	1034	19	194	1931	2070	243	140	1180	2887	173	1532	6071	2640	25	23	14	1227	4	872	573	119	127	1747	120	48	310	975	920	16065	16895	295992	71359
3	1080	133	218	17	413	1263	195573	9	113	1554	101	568	9	119	769	1109	91	37	595	785	330	611	4329	1419	13	10	7	405	2	436	244	68	48	1328	40	16	135	390	302	6663	7791	227184	33611
4	2434	416	450	19	1105	2601	79696	20	282	4499	220	1634	35	269	2999	5469	304	69	1559	1623	192	2395	7732	1931	29	27	16	681	4	851	668	126	142	7309	143	56	432	4842	401	17663	16800	160326	86631
5	218	53	57	3	137	563	16699	6	46	629	27	375	5	38	405	524	53	9	124	240	31	423	1272	375	4	4	2	109	0	101	111	19	17	2568	16	9	42	245	75	4707	2026	32226	15637
6	288	55	88	7	143	384	36009	9	37	99	40	169	3	30	319	429	40	17	157	1176	74	233	1093	296	3	3	3	147	2	200	85	16	23	247	17	6	54	138	113	3132	1921	47756	11747
7	575	81	114	10	304	565	50001	5	68	934	56	260	5	54	507	611	66	31	270	672	44	395	1483	611	6	6	3	283	2	272	132	29	30	516	17	11	90	256	186	4961	3970	68638	18537
8	649	88	112	11	286	464	38593	4	73	873	64	219	5	49	440	478	51	33	310	541	184	341	1424	567	6	7	3	254	2	191	126	27	28	391	17	9	76	226	175	3404	4220	54880	16286
9	1883	325	410	43	1572	2014	128643	26	279	3710	206	1174	19	181	2080	2173	242	135	1225	3087	90	1507	5817	2318	22	23	15	1364	13	864	533	132	132	2136	111	53	297	1077	1046	16235	15940	199336	70693
10	1001	143	187	20	639	1149	44338	11	128	1849	109	520	10	94	983	1110	117	59	484	1191	40	233	2803	847	4	10	4	736	4	407	257	57	54	727	55	13	156	393	322	8458	8033	78310	33972
11	445	126	134	13	313	525	114891	8	75	955	55	267	5	42	451	520	61	39	215	784	66	395	1263	616	7	5	4	294	3	250	185	37	37	370	35	13	76	455	161	3927	4724	132354	17464
12	2679	475	575	62	3042	3060	212023	35	422	5551	285	1448	24	265	2884	28208	362	196	1580	3897	179	2161	7802	3620	36	45	10	1916	7	1174	820	170	183	2060	175	67	430	959	1152	28861	24029	312127	99504
13	1472	298	371	49	1166	1652	133002	9	228	3281	179	893	17	149	1681	1588	247	125	986	2769	90	1251	4188	1559	17	19	8	999	10	730	483	91	90	1720	94	42	231	538	785	13486	12376	187960	55958
14	3898	704	677	81	3700	4797	122287	19	909	9767	359	2240	36	488	4741	4614	364	342	1941	3366	264	3252	12525	4542	53	31	30	3781	4	1558	1363	239	295	2903	332	120	679	1049	1653	44850	35429	279918	157630
15	892	119	215	26	476	785	99160	8	77	2519	186	317	5	66	644	909	298	48	402	1104	66	953	1121	1051	9	15	8	434	9	436	242	54	45	949	36	16	130	373	257	5368	11029	134421	32262
16	491	68	83	8	187	798	12459	3	49	1099	78	291	11	44	621	931	65	15	457	1073	36	331	1692	1391	4	16	3	161	4	458	120	17	22	281	56	10	90	379	237	7721	1701	38240	2781
17	1301	213	153	25	795	1303	122265	0	170	2346	129	628	0	121	1177	1294	148	83	669	1609	139	940	2819	337	14	16	8	724	2	531	337	71	74	1171	147	29	186	617	461	9772	9542	169940	41644
18	186	211	0	1	19	32	391154	0	8	308	12	18	0	0	0	43	6	48	32	32	0	123	78	42	0	0	0	15	0	158	193	0	0	33	28	10	7	16	0	242	653	393936	2692
19	0	0	0	0	0	0	0	0	0	0	0	0	0	0	0	0	0	0	0	0	0	0	0	0	0	0	0	0	0	0	0	0	0	0	0	0	0	0	0	0	0	0	0
20	2120	573	903	53	1408	2333	323328	5	337	5222	412	1259	22	303	3052	2612	300	250	1192	2568	1223	3818	7867	3129	40	64	20	1242	14	1035	693	192	157	2309	147	79	440	1032	765	17214	32677	422704	99377
21	895	68	131	8	613	690	66785	3	59	791	44	203	4	44	892	440	55	27	376	465	48	313	1110	3964	5	5	3	244	2	179	115	23	24	747	28	10	152	189	140	4459	3642	87447	20662
22	1341	137	222	9	251	1511	109651	4	121	902	88	235	5	243	441	1154	36	33	545	786	1075	377	1186	559	5	8	7	224	4	230	118	35	27	403	29	29	81	199	137	3646	3357	125286	19635
23	1583	364	458	41	996	1226	130889	6	110	2566	208	507	13	107	1164	1099	122	128	1056	1228	138	975	2819	1337	9	25	5	518	5	479	395	60	64	1140	64	30	207	602	320	7649	7795	168194	37305
24	587	206	204	32	279	571	33060	5	87	1751	223	290	20	185	539	955	61	46	577	476	61	407	3310	1002	23	9	5	217	12	255	233	40	61	451	46	19	220	610	155	2945	8890	58393	25733

续表

行业\国家	AUS	AUT	BEL	BGR	BRA	CAN	CHN	CYP	CZE	DEU	DNK	ESP	EST	FIN	FRA	GBR	GRC	HUN	IDN	IND	IRL	ITA	JPN	KOR	LTU	LUX	LVA	MEX	MLT	NLD	POL	PRT	ROM	RUS	SVK	SVN	SWE	TUR	TWN	USA	RoW	内部和外部GVC收入	外部GVC收入
25	1654	38	40	4	33	270	5959	1	19	244	20	42	1	14	218	168	10	23	143	53	18	162	972	213	1	1	1	33	2	57	31	10	6	52	9	2	22	41	23	1875	510	12993	7034
26	253	61	108	5	88	169	44745	2	26	565	123	87	3	23	286	197	26	25	133	156	26	193	614	293	3	9	2	73	5	100	61	13	12	160	12	5	39	103	47	1142	1664	51659	6914
27	1417	133	306	12	339	550	127283	8	81	1581	129	280	7	140	622	941	75	46	614	731	73	511	1809	1100	8	10	4	297	3	932	199	64	58	495	36	13	216	253	178	4176	4292	150031	22748
28	2009	325	416	36	1095	1988	247364	17	254	3421	209	876	16	200	1786	1949	227	124	970	1982	268	1429	4971	2365	21	27	11	1001	9	801	490	101	103	1731	104	42	294	896	581	14915	13829	309229	61865
29	719	250	160	11	366	674	314396	13	85	1180	74	313	6	80	637	734	91	42	334	716	147	554	1708	880	7	10	4	321	3	388	164	38	36	709	35	15	112	332	187	5194	4988	336933	22137
30	1858	397	397	26	782	1709	150887	13	185	2572	171	688	12	155	1625	1901	157	98	613	1441	416	1207	4411	2267	16	22	9	771	6	913	353	88	77	1172	35	30	474	564	419	23557	10205	212062	64676
31	18	3	4	0	10	17	214727	7	2	34	2	8	0	2	16	19	5	4	10	19	15	14	56	356	0	0	0	9	0	8	5	1	1	18	0	0	3	9	6	132	135	215663	936
32	313	16	22	2	50	97	178413	1	12	163	10	41	1	10	87	103	11	6	55	97	8	73	259	171	3	1	1	45	0	45	23	5	5	83	2	2	15	40	28	744	668	181739	3326
33	221	15	18	2	58	101	94694	7	13	175	13	45	1	9	88	59	12	6	54	110	8	60	241	112	7	1	1	54	0	39	25	6	5	90	0	2	13	212	33	751	701	94694	3290
34	1045	100	243	11	253	494	117883	7	64	982	82	398	4	165	583	1147	396	40	240	500	102	428	1165	735	7	31	4	220	3	2022	139	55	30	430	2	11	111	212	147	3610	3492	137471	19587
35	40150	6661	8777	732	22156	40361	4638525	364	5099	71171	4384	19012	356	4202	36639	41669	4663	2433	21160	47430	6252	30307	106514	46023	449	499	239	19808	176	18151	10217	2160	2166	41341	2119	1853	6213	20360	12262	303489	295905		
																																										GDP in mn USD 93108538	
																																									0		130061

110 国家智库报告

续表

行业\国家	AUS	AUT	BEL	BGR	BRA	CAN	CHN	CYP	CZE	DEU	DNK	ESP	EST	FIN	FRA	GBR	GRC	HUN	IDN	IND	IRL	ITA	JPN	KOR	LTU	LUX	LVA	MEX	MLT	NLD	POL	PRT	ROM	RUS	SVK	SVN	SWE	TUR	TWN	USA	RoW	内部的GVC收入	外部的GVC收入
25	861	85	86	7	73	1344	1099	5	47	455	98	344	5	51	607	1252	210	56	151	71	147	501	1733	329	4	6	8	339	2	177	141	88	16	73	20	7	156	45	259	46540	3060	60387	13847
26	444	165	363	20	358	1560	1329	16	70	1408	688	577	12	97	1061	1234	810	95	256	327	211	777	1612	665	17	24	14	782	6	405	213	100	46	347	30	22	275	212	417	117250	10542	144761	27511
27	501	180	468	23	376	2011	1709	15	98	1913	399	745	11	131	1095	2645	398	141	186	407	427	921	1583	1042	16	64	14	1146	6	659	231	109	59	284	37	23	316	177	336	34560	8418	375278	29918
28	1760	416	893	96	1619	11897	4530	94	412	4116	467	3301	33	339	2710	8225	555	265	789	1720	1764	3064	5939	2702	46	117	49	3918	14	4334	626	260	299	971	131	74	980	602	958	1087700	59765	1217419	129719
29	537	131	279	24	439	3121	1944	13	94	1542	156	710	10	108	900	2191	130	99	199	574	428	720	1740	835	13	33	13	1703	4	657	200	98	64	330	37	22	231	180	329	1658100	9781	1688721	30621
30	4516	1164	2687	196	3067	22024	16063	94	975	11998	1293	6815	91	1373	9063	18305	940	1206	1288	3866	4958	6512	13351	6986	108	376	108	10060	42	6985	1833	842	578	3470	329	204	2571	1351	3429	1775600	63203	1970269	234689
31	275	65	126	13	231	1196	3556	6	38	668	91	322	5	39	403	734	91	44	123	322	95	308	767	525	7	17	5	2291	2	191	97	35	34	184	18	11	86	107	161	164100	4337	1711825	17725
32	76	2	5	1	7	20	20	0	3	23	3	3	0	2	15	79	3	4	3	8	5	12	45	26	0	0	0	41	0	7	4	2	1	8	1	0	3	5	13	13940	156	137994	1054
33	15	2	1	0	2	44	2500	0	1	5	1	1	0	0	5	9	1	1	1	2	1	3	6	6	0	0	0	0	0	2	1	0	0	0	0	0	1	1	2	500.00	29	98320	293
34	666	126	300	21	350	2428	2500	12	99	1472	162	1264	8	117	946	3461	110	200	129	387	434	680	1288	1453	12	53	11	1458	5	620	182	99	80	348	35	19	245	127	343	90500.00	6001	528790	28120
35	5	1	2	0	4	30	17	0	0	12	0	0	0	0	8	16	0	0	2	5	6	6	19	7	0	0	0	17	0	6	2	0	0	0	0	0	2	2	3	18166	86	18456	270
	22838	5582	11613	1048	21411	140140	86641	516	3699	61604	6443	26597	405	4101	38434	67961	5523	3566	8778	25427	15694	28008	74357	32321	580	1106	434	83325	169	22304	7952	3210	2560	15440	1448	984	8743	7932	14402	1308176	401961	1430780.0	1267898
																																								GDP in mn USD			0

美国 2009 年增加值数据表

(单位：百万美元)

国家\行业	AUS	AUT	BEL	BGR	BRA	CAN	CHN	CYP	CZE	DEU	DNK	ESP	EST	FIN	FRA	GBR	GRC	HUN	IDN	IND	IRL	ITA	JPN	KOR	LTU	LUX	LVA	MEX	MLT	NLD	POL	PRT	ROM	RUS	SVK	SVN	SWE	TUR	TWN	USA	RoW	外部和内部GVC收入	外部GVC收入
1	221	41	134	18	199	2807	3861	6	27	665	42	525	4	23	578	469	53	18	384	234	48	445	4047	987	7	12	3	3191	3	215	66	48	27	403	15	9	56	520	839	107962	5257	134069	26507
2	432	266	280	21	1123	4463	1925	97	81	1349	113	605	6	105	1115	1153	133	87	156	448	129	591	2669	518	10	13	7	2528	5	443	198	84	53	239	47	42	153	157	235	208790	9726	240596	31806
3	241	27	74	19	222	3808	1142	3	20	378	33	150	4	15	225	377	24	13	158	109	41	152	3062	479	5	3	2	2307	4	178	48	19	17	353	9	6	38	150	285	197052	4972	207022	19170
4	171	26	57	2	101	1610	448	1	12	331	14	89	6	16	183	322	30	8	32	174	19	152	528	300	2	3	2	1136	2	75	30	10	7	226	7	4	31	261	57	18131	1430	29951	7820
5	15	2	3	0	3	120	29	1	1	16	1	5	0	1	11	26	3	0	3	4	3	13	65	24	1	0	0	66	0	3	2	1	0	25	2	0	2	30	5	824	17	1322	498
6	48	9	18	1	29	494	239	1	5	103	8	45	1	6	70	124	11	3	18	162	19	48	183	40	0	1	5	190	1	30	10	10	3	19	2	0	13	21	25	17864	550	20415	2551
7	552	88	193	13	326	4429	1918	4	76	1086	88	380	1	67	670	1174	73	62	129	436	183	448	1280	631	6	19	4	2096	1	411	137	47	31	125	27	15	153	111	262	140647	6301	164835	24188
8	254	59	185	14	339	1531	960	6	36	727	86	425	6	44	685	724	106	25	86	227	74	357	820	252	5	8	4	2055	1	313	76	49	28	713	15	35	101	106	142	97984	8171	117262	19278
9	1252	310	702	40	1956	6925	5438	16	153	4665	172	1802	14	166	3041	2594	225	88	428	1207	311	1443	3385	1191	16	28	14	6107	10	1045	346	121	104	713	73	42	308	321	647	142849	11266	201351	46029
10	276	49	99	7	263	2306	911	3	26	563	18	135	2	29	322	443	30	17	76	205	96	158	548	198	3	3	4	1682	3	149	56	19	13	105	11	6	49	99	114	42409	2909	54481	13072
11	8	22	41	3	108	1255	458	2	12	284	8	73	1	14	134	187	12	13	27	135	33	76	274	136	1	5	1	502	1	57	23	9	5	40	5	3	49	42	59	31818	1261	37252	5434
12	1164	182	360	32	995	7999	5274	14	117	2168	152	533	5	101	1327	1884	132	77	358	1228	312	713	2281	1122	13	3	7	5493	6	553	229	86	67	529	47	28	211	240	530	110899	13390	160889	49990
13	1422	165	562	49	1135	7061	4572	8	107	1838	129	467	3	110	3642	1511	140	96	433	664	153	659	1613	1677	1	21	7	3919	4	546	218	66	66	783	40	6	207	160	1275	70495	8171	116524	46029
14	3495	501	833	84	10522	15158	3663	9	292	7943	340	1406	8	242	1779	4508	349	219	643	3511	722	1628	6870	2565	13	34	7	5557	13	731	567	169	143	994	166	28	778	396	1386	169975	31799	273394	109418
15	671	191	233	28	1020	9635	3663	3	120	2946	256	387	4	238	377	3387	139	39	222	435	75	573	1953	546	17	57	7	3571	2	218	56	15	43	608	32	10	169	246	178	110347	16948	162467	52140
16	671	48	175	6	205	2133	796	5	38	694	41	149	2	84	491	808	51	14	83	56	132	184	765	229	4	11	0	317	1	233	77	15	16	88	12	4	80	81	168	44715	2150	50248	14533
17	290	63	153	10	341	2146	1331	1	15	793	57	113	2	37	179	647	61	31	102	115	56	280	929	346	2	11	21	1329	2	110	33	14	6	164	15	10	81	95	180	248420	3966	263557	15117
18	103	25	52	2	110	686	497	3	15	268	29	55	0	63	51	330	24	15	35	31	11	112	317	129	4	34	0	397	0	37	9	6	2	51	6	4	40	31	61	568854	1773	571614	5760
19	30	6	15	1	26	181	125	2	3	73	8	35	0	8	51	91	6	6	9	16	16	33	111	88	2	11	0	93	14	110	15	4	4	31	2	1	13	8	17	128765	517	130391	1627
20	1455	365	761	64	1551	7148	6373	27	212	4107	996	1430	21	242	2743	3270	204	157	672	1980	2626	2186	4755	1650	37	45	22	4227	14	1064	459	227	130	1169	136	77	512	710	827	617536	67356	793022	121486
21	137	30	66	5	133	864	599	2	28	582	82	147	2	41	238	389	27	19	44	159	84	143	392	163	2	7	1	457	5	149	41	18	12	67	8	5	53	57	77	826794	2289	844078	7283
22	154	31	70	5	192	921	647	8	82	335	57	169	6	57	244	475	29	25	41	160	110	166	373	171	5	2	3	410	0	193	43	22	14	58	15	4	65	33	97	407333	2389	415095	7762
23	412	162	255	16	741	2508	1930	2	73	1228	274	432	8	63	806	1023	126	60	216	555	144	507	1164	468	10	15	5	1085	5	319	345	47	32	233	28	18	330	147	254	145522	12314	173985	28373
24	21	8	10	1	20	56	95	0	4	73	5	21	0	8	36	81	5	3	17	29	10	29	165	30	1	2	1	24	0	18	13	4	3	18	8	1	12	14	10	11008	2040	13891	2883

续表

行业	国家	AUS	AUT	BEL	BGR	BRA	CAN	CHN	CYP	CZE	DEU	DNK	ESP	EST	FIN	FRA	GBR	GRC	HUN	IDN	IND	IRL	ITA	JPN	KOR	LTU	LUX	LVA	MEX	MLT	NLD	POL	PRT	ROM	RUS	SVK	SVN	SWE	TUR	TWN	USA	RoW	外部间内部GVC收入	外部GVC收入
25		668	68	83	5	85	1423	1255	6	51	411	88	324	3	49	608	1204	192	42	77	76	159	449	1260	283	3	4	6	445	2	174	125	88	13	54	16	6	166	39	185	47347	3801	61361	14014
26		356	126	307	13	384	1427	1388	17	63	1198	633	469	6	81	1011	1044	652	68	139	294	163	609	1146	495	10	23	9	655	6	353	161	91	31	159	25	16	246	149	325	111182	9470	134967	23785
27		452	153	416	16	357	2869	1709	13	89	1886	341	648	9	117	1064	2160	334	125	122	362	362	729	1200	773	11	66	9	937	6	657	188	106	44	183	30	19	308	127	734	342389	7431	368710	26321
28		1794	388	870	69	1981	13459	5417	40	350	9903	999	3068	28	334	2307	7323	328	262	670	1728	1922	2856	5259	2481	29	144	34	4216	15	4267	552	255	281	734	122	62	963	496	933	1155896	60020	1287657	131741
29		470	101	223	15	367	2627	1877	8	76	1256	125	560	6	84	787	1751	99	83	138	491	338	542	1289	625	7	33	8	1287	4	600	158	83	44	201	30	171	207	127	262	1662482	7914	1667387	24905
30		4380	1063	2620	145	2304	20407	16199	66	929	11217	1279	6096	76	1163	9356	15854	808	1179	945	3385	4280	5843	10931	5249	66	419	76	8847	43	7743	1577	836	470	1624	262	8	2748	916	2042	1697514	98747	1900873	212839
31		308	53	108	8	210	1105	4359	8	32	572	85	281	3	31	375	642	74	38	89	281	82	236	629	417	4	19	3	1841	4	178	75	29	22	121	14	8	80	73	142	1760027	3418	1777079	16052
32		175	3	1	0	8	73	81	1	3	22	4	6	0	2	6	79	1	6	12	8	5	11	40	260	1	24	0	38	1	8	5	1	1	6	1	0	4	5	16	144101	161	145190	1089
33		23	2	1	0	3	38	27	0	3	6	2	1	0	1	6	6	0	1	3	2	0	1	6	13	0	3	0	11	0	3	1	1	0	1	0	0	4	1	2	1040521	31	1040797	276
34		708	119	293	15	328	2413	2487	12	89	1422	154	1226	1	107	970	2921	95	195	96	339	399	610	1041	1144	7	62	0	1075	1	677	159	105	65	159	0	16	269	91	330	487534	5119	512899	25364
35		4	1	2	0	4	25	17	0	2	10	5	5	0	1	6	13	2	1	1	1	2	5	15	5	1	0	0	13	0	5	1	0	0	0	0	0	2	1	2	17736	71	17960	224
		21550	4714	10263	729	19937	120704	93146	422	3198	54906	5473	22469	272	3512	39662	98657	4557	3093	6758	23714	14014	22987	63348	25474	330	1099	271	68089	177	22910	6316	2650	1818	10459	1239	771	8466	6005	12241	12952587	378960	14116980	1146857
																																									GDP in mn USD			0

美国 2010 年增加值数据表

(单位：百万美元)

行业	国家 AUS	AUT	BEL	BGR	BRA	CAN	CHN	CYP	CZE	DEU	DNK	ESP	EST	FIN	FRA	GBR	GRC	HUN	IDN	IND	IRL	ITA	JPN	KOR	LTU	LUX	LVA	MEX	MLT	NLD	POL	PRT	ROM	RUS	SVK	SVN	SWE	TUR	TWN	USA	RoW	外部间内部GVC收入	外部GVC收入
1	286	54	156	16	346	3453	5005	7	38	799	51	722	5	33	688	999	62	24	507	323	64	527	4551	1371	8	30	4	3078	4	287	88	61	26	599	18	17	72	859	860	134304	7220	158020	33716
2	566	207	354	18	2049	5029	2537	18	95	1557	164	1024	8	109	1388	1193	132	117	228	507	134	781	2966	903	12	17	7	3612	5	501	309	102	61	298	37	30	227	203	337	201623	9733	291199	37576
3	262	32	89	18	945	3819	1172	4	24	430	38	175	5	20	254	414	22	20	196	127	50	152	3042	574	4	6	1	2441	1	197	66	25	18	258	9	6	43	139	315	184764	5845	205629	20665
4	197	25	51	1	109	1472	474	4	13	300	11	76	2	14	155	207	26	7	39	175	20	146	448	273	4	3	1	1076	0	67	32	8	7	242	6	3	29	257	55	16979	1075	24169	7190
5	17	2	2	0	3	87	24	1	0	14	0	3	0	2	8	20	2	0	1	3	3	12	48	31	1	1	1	51	0	3	2	0	0	25	0	0	2	26	4	949	6	1348	398
6	68	12	21	1	39	624	374	1	7	121	10	54	2	8	64	151	12	4	27	204	19	65	255	55	4	1	1	258	4	33	14	10	3	27	28	15	18	31	35	18500	644	21831	3331
7	627	114	210	11	427	4764	2198	1	98	1251	103	476	5	81	675	1432	88	72	168	520	177	502	1993	753	15	28	5	2370	4	492	215	50	31	201	28	32	171	149	332	138154	5884	146206	26133
8	470	120	332	16	939	2927	1829	10	78	1300	186	743	8	69	1268	1014	139	47	175	363	128	652	1408	496	12	16	5	4342	7	474	177	77	55	226	67	15	212	176	299	138137	10897	169581	31444
9	1452	366	745	28	2590	7700	6567	15	172	4865	175	1647	14	178	3071	2351	197	94	545	1198	317	1592	3902	1523	15	32	12	6873	7	978	412	129	102	892	67	23	285	411	767	144989	12635	209672	64863
10	356	59	106	5	370	2865	1246	10	55	647	37	159	2	30	365	532	32	19	110	346	105	186	639	391	4	3	3	2322	1	158	79	21	14	139	42	3	62	88	163	48747	3536	63928	15181
11	91	29	44	3	127	1356	566	2	14	309	17	73	1	11	142	206	12	13	33	136	29	83	291	166	4	2	2	587	2	98	32	8	6	47	3	3	25	65	63	28253	1392	34306	6053
12	1190	181	335	20	1184	9130	5960	10	132	2007	122	540	10	100	1228	1865	117	72	406	1346	225	700	2341	1391	12	21	6	6407	2	479	270	74	62	982	42	23	232	334	716	107202	12267	199850	52648
13	1728	193	554	21	1560	8699	6489	15	139	2159	120	471	22	112	1213	1786	128	90	520	4734	127	700	1852	2923	14	18	3	4645	2	550	266	70	160	1173	43	23	254	214	2446	191914	15413	149082	57312
14	3087	627	855	68	5415	13666	20103	10	890	8693	336	1646	17	391	4299	5357	254	237	945	5663	590	2036	8553	3588	27	57	6	7318	16	1352	704	186	137	549	176	87	925	545	1879	79926	38444	329019	137005
15	746	118	162	11	882	8966	2927	10	111	1951	117	346	2	99	1131	1030	116	26	296	355	66	379	1233	696	12	19	3	3498	12	377	259	98	28	1410	21	12	144	357	189	49352	12904	122065	42139
16	860	56	182	4	300	2760	1055	4	36	772	41	171	2	38	442	608	49	14	142	296	66	219	968	347	4	5	2	415	2	244	66	15	19	82	43	10	98	107	231	246313	2569	6979	18626
17	293	67	164	7	416	2077	1352	3	44	734	56	261	2	88	440	403	55	18	109	139	123	260	832	399	4	13	2	1319	2	214	91	34	12	162	13	8	88	117	198	532088	3529	26776	14463
18	135	38	74	3	190	890	669	1	8	331	40	155	0	32	215	117	7	6	13	47	4	133	260	195	2	3	0	526	2	132	60	5	3	66	132	5	16	44	87	13461	1726	539831	6943
19	38	10	20	11	41	223	161	5	8	87	10	45	2	6	55	85	5	4	2	31	1	7	18	55	2	1	0	112	1	44	15	1	3	17	9	1	3	11	23	662580	503	135344	1882
20	1674	479	877	58	1951	8048	7898	9	271	4567	464	1688	22	299	3140	3550	274	187	882	2361	3386	2557	4932	2222	39	64	23	4801	10	1095	617	334	157	1410	132	77	625	929	1083	99057	74715	823122	13/042
21	168	43	86	4	197	1023	739	4	33	403	46	183	2	43	257	463	30	22	61	177	95	159	427	232	2	11	3	543	2	167	69	20	46	82	9	5	70	51	108	437359	2225	917306	8269
22	235	49	103	5	338	1193	950	9	47	441	52	262	2	109	309	667	40	32	64	194	144	204	478	283	2	18	1	542	10	257	88	31	5	287	11	5	90	50	151	152277	2300	447115	9776
23	592	455	674	13	1326	3345	2936	9	229	2424	495	827	4	109	1355	1272	163	144	390	688	191	749	1270	722	39	31	3	1351	10	561	80	68	15	23	36	24	834	185	381	132277	6857	184130	31853
24	23	15	17	2	26	65	108	6	6	117	30	29	0	44	44	93	5	3	13	31	8	32	144	50	3	1	1	26	0	26	27	7	5	23	5	2	50	32	13	11297	1833	14242	2945

续表

行业\国家	AUS	AUT	BEL	BGR	BRA	CAN	CHN	CYP	CZE	DEU	DNK	ESP	EST	FIN	FRA	GBR	GRC	HUN	IDN	IND	IRL	ITA	JPN	KOR	LTU	LUX	LVA	MEX	MLT	NLD	POL	PRT	ROM	RUS	SVK	SVN	SWE	TUR	TWN	USA	RoW	外部间GVC收入	外部GVC收入
25	1002	112	137	6	108	1625	1984	8	89	659	112	741	4	76	1073	1015	234	64	116	99	197	476	1404	417	3	6	9	399	3	326	187	157	17	64	17	6	258	46	274	48071	1272	62920	14849
26	467	187	445	14	539	1561	1759	17	97	1733	897	754	8	91	1435	972	689	86	186	313	205	605	1154	647	10	32	11	683	9	490	250	122	33	188	25	16	323	151	440	110410	7990	136043	25633
27	544	193	510	15	491	2890	2200	14	213	1899	405	815	10	142	1123	2420	315	122	160	397	387	699	1220	1004	12	91	10	1099	8	734	241	112	44	216	33	17	315	147	363	332355	6698	360644	28289
28	2729	882	1849	85	3882	19641	7669	155	1018	5774	790	4788	49	644	3575	13141	454	422	1204	2432	2984	3593	5817	4663	36	477	52	5309	19	6400	1300	414	321	959	232	17	1478	681	1510	1217401	44918	1369844	152043
29	460	110	234	11	438	2544	1990	10	99	1012	125	575	8	91	659	1906	83	69	160	445	317	457	1172	708	6	43	6	1250	4	555	174	76	34	203	25	13	193	151	294	1542267	5969	1560004	22737
30	3662	1350	3152	131	3851	25487	21854	85	1379	12891	1482	8079	78	1621	8758	20682	842	1225	1271	4146	4534	5857	12435	7651	71	646	85	10436	54	8653	2493	883	440	1956	303	162	2923	1213	3043	1739431	51294	1978604	239103
31	316	70	137	6	286	1165	5182	4	46	630	107	3	3	35	401	642	75	36	111	288	83	241	629	515	4	43	85	2199	3	192	112	29	20	203	13	7	105	92	169	1811229	2730	1828378	17719
32	167	2	5	0	10	72	85	0	3	20	3	10	1	2	13	73	2	3	15	7	4	9	32	356	0	0	14	29	1	2	3	1	0	20	1	0	3	5	20	149428	135	150652	1124
33	38	1	1	0	5	109	41	0	1	6	154	1	0	5	5	146	0	1	6	7	1	2	6	33	0	0	0	14	0	7	0	0	0	0	0	0	1	1	6	91778	25	1092246	468
34	757	136	337	13	460	2936	3573	12	141	1349	154	1251	6	143	882	3346	99	149	136	397	409	575	1167	1465	8	146	85	1408	6	743	193	96	60	202	30	14	251	127	447	903067	5071	531602	28555
35	5	5	2	0	5	29	21	0	3	11	3	6	0	3	5	15	1	1	2	3	3	3	16	7	0	0	0	15	0	6	2	1	0	0	0	0	2	1	3	17487	66	17754	247
	26882	6193	13022	631	29239	152178	119405	475	5133	61893	6816	29096	315	4667	40125	72330	4775	5476	9303	29048	19633	25380	67423	37008	345	1837	300	82064	218	26649	9789	3209	1865	12496	1394	763	10622	7996	17291	13309401	360671	14525130	1298542
																																								GDP in mn USD			8.94%

日本 2008 年增加值数据表

(单位：百万美元)

行业	AUS	AUT	BEL	BGR	BRA	CAN	CHN	CYP	CZE	DEU	DNK	ESP	EST	FIN	FRA	GBR	GRC	HUN	IDN	IND	IRL	ITA	JPN	KOR	LTU	LUX	LVA	MEX	MLT	NLD	POL	PRT	ROM	RUS	SVK	SVN	SWE	TUR	TWN	USA	R&W	内部GVC收入	外部GVC收入
1	51	9	17	2	30	67	435	1	7	105	7	30	1	6	54	68	7	5	52	34	7	38	6166	193	1	1	1	38	0	30	13	4	3	69	3	2	9		341	666	734	64818	3157
2	32	5	10	1	20	53	278	1	4	58	5	19	1	3	32	35	5	5	32	28	3	28	3732	99	1	1	0	29	0	14	9	3	3	32	3	2	6	19	69	260	441	5372	1639
3	83	14	27	3	48	114	781	2	11	154	10	48	2	9	87	109	11	7	76	46	11	99	122650	261	1	1	1	58	0	44	21	6	5	108	5	2	15	10	657	823	1418	128814	5164
4	69	16	26	3	34	98	912	1	10	179	10	63	2	7	107	119	13	6	74	46	3	94	10404	186	1	1	0	51	0	35	24	6	7	165	5	2	14	25	117	764	847	14664	4260
5	3	1	1	0	2	5	57	0	1	10	0	3	2	1	6	6	1	0	5	2	1	6	1303	16	0	0	0	2	0	2	1	0	0	10	0	0	1	2	9	42	44	1544	341
6	25	7	11	1	13	33	222	1	4	59	4	16	2	3	28	38	4	3	34	22	3	21	11905	75	0	0	2	20	0	17	7	2	2	40	2	1	5	10	53	271	430	13993	1488
7	187	33	63	8	100	208	1467	3	27	401	25	114	4	14	198	245	26	19	172	116	26	276	40698	494	3	3	2	152	1	103	56	14	13	259	11	6	35	61	363	1778	2518	50152	9454
8	444	52	113	12	201	253	2066	5	36	530	40	197	6	31	337	384	48	27	240	250	35	485	54597	689	6	3	4	319	0	149	75	53	25	255	18	10	22	104	362	2361	6027	71056	16659
9	434	65	170	20	312	480	4944	9	72	1088	54	357	14	39	634	611	82	56	416	341	81	261	43044	1635	8	7	6	437	0	270	151	44	42	527	48	17	72	175	884	5003	4708	67904	24870
10	425	26	135	15	223	443	2513	9	54	713	38	221	12	39	361	440	59	41	343	191	40	91	20309	807	7	2	5	353	0	176	106	29	30	571	30	4	103	132	501	3245	4278	37304	17015
11	126	26	50	6	67	147	1312	2	19	307	12	78	6	19	199	150	18	17	110	104	13	11	18656	655	2	2	5	114	0	62	41	10	6	195	9	4	24	58	360	1276	1800	26088	7432
12	1291	255	434	64	827	1715	10364	28	191	2502	135	812	36	133	1252	1444	233	144	1580	1031	187	972	91561	4040	21	20	15	1518	1	565	391	107	125	1945	88	47	253	457	1928	12046	18312	198984	67423
13	701	143	339	44	517	904	7900	12	152	1568	67	426	20	67	822	764	102	71	800	510	74	569	61917	2856	10	8	7	666	1	595	234	45	120	922	48	29	128	174	2367	7283	8190	109925	40018
14	1117	313	398	80	925	1566	17359	18	326	4199	134	1065	14	192	1843	1803	155	202	1158	665	161	932	49134	2616	21	9	14	1545	6	998	646	106	90	1207	130	53	290	333	1663	14504	15404	133225	74111
15	2357	263	673	81	688	2516	4550	74	150	2408	161	1088	36	139	1354	2216	389	169	979	362	187	1046	45786	1246	21	11	12	1148	18	720	444	154	90	7282	64	46	341	406	550	19313	19654	119251	73445
16	36	12	16	1	18	60	257	2	5	188	5	24	1	6	49	87	6	3	103	88	4	27	5564	125	0	0	0	20	1	45	9	2	2	36	3	4	7	30	85	456	341	7665	2141
17	230	45	98	11	136	280	1809	5	31	495	31	151	7	26	243	297	38	26	210	138	31	181	7260	561	4	4	2	207	1	125	71	20	18	405	15	8	47	74	419	2231	3007	84213	11846
18	98	20	37	7	59	118	800	3	16	215	15	66	2	12	108	132	15	11	96	149	14	80	269840	255	7	2	1	135	1	54	31	8	8	160	10	4	21	36	167	950	150	275181	5341
19	152	29	55	8	88	183	1214	4	25	323	20	101	5	18	163	204	24	18	142	246	20	120	44268	373	7	4	2	965	1	81	48	13	12	250	15	8	32	51	348	1475	2148	52162	7894
20	1202	269	520	65	1357	7608	10864	30	179	2731	239	973	8	145	1533	1688	341	135	1093	981	78	1368	234185	2795	36	21	20	184	2	637	390	129	119	2340	94	60	297	715	1663	11352	43898	394806	89066
21	161	34	63	8	204	1185	7608	4	25	376	24	127	5	23	203	255	28	18	144	112	41	158	51935	368	4	4	2	87	0	88	52	14	13	333	12	7	36	144	328	1719	3883	224597	10417
22	237	45	81	10	325	2468	11185	5	35	467	30	146	8	28	234	345	34	25	207	149	48	176	114660	495	7	7	3	265	1	122	68	19	19	541	15	8	45	75	2598	2054	3242	150105	14565
23	394	89	159	17	430	2535	2468	10	66	834	108	255	5	43	417	581	74	42	521	296	19	334	6444	889	5	3	3	87	2	249	114	32	29	617	24	14	102	138	533	3307	8148	136558	21898
24	145	47	65	8	117	661	1459	3	26	438	86	150	4	34	200	331	33	16	318	153	41	191	11796	410	5	3	3	103	1	130	51	21	18	184	16	9	102	107	101	1156	13514	25480	19035

续表

行业	国家	AUS	AUT	BEL	BGR	BRA	CAN	CHN	CYP	CZE	DEU	DNK	ESP	EST	FIN	FRA	GBR	GRC	HUN	IDN	IND	IRL	ITA	JPN	KOR	LTU	LUX	LVA	MEX	MLT	NLD	POL	PRT	ROM	RUS	SVK	SVN	SWE	TUR	TWN	USA	RoW	内部 GVC 收入	外部 GVC 收入
25		265	19	25	2	19	73	742	1	22	118	20	40	1	9	78	215	8	7	119	34	11	76	9962	233	1		1	29	0	77	13	7	4	40	3	2	24	16	185	1291	1305	15105	5143
26		174	48	132	8	93	162	1169	6	31	488	168	127	4	28	228	272	36	22	211	98	22	184	27079	556	4	4	3	117	1	172	53	19	15	237	12	6	62	74	431	1400	4204	38159	11080
27		142	29	56	7	87	169	1228	3	23	313	24	101	3	18	164	231	28	16	131	94	26	129	89957	407	4	4	2	120	1	84	45	13	12	235	10	6	32	57	287	1370	2778	98433	8476
28		554	117	215	26	322	662	3974	13	87	1246	88	393	12	70	644	1668	92	61	531	418	170	487	221590	1326	10	23	7	445	4	444	174	53	45	909	57	21	127	228	917	5241	11651	255098	33508
29		208	46	87	10	129	342	1529	5	35	478	50	154	4	29	248	334	37	24	216	146	28	201	561590	523	4		3	171	1	132	67	20	18	348	15	9	51	94	383	1981	9604	575272	13602
30		1064	226	447	53	604	1386	8447	25	235	2418	184	867	24	193	1969	2201	184	155	914	632	286	1306	345300	2822	19	28	13	886	8	728	385	116	90	1805	74	50	203	302	2013	17788	17268	406789	61389
31		66	10	17	2	25	52	360	1	8	98	3	3	1	6	51	82	5	5	19	30	7	16	397150	378				33	0	35	13	4	4	36		2	12	18	96	483	1140	400404	3254
32		18	4	7		11	22	156		4	42	3	3	0	3	22	30	2	2	2	11	3	16	177790	51	5	4	2	16	0	11	6	2	2	6	1	1	4	6	33	190	263	176795	1005
33		21	4	8	1	12	25	167	6	3	45	3	3	0	3	23	31	1	2	19	13	7	17	246410	48		4		18	0	12	7	2	2	420		1	4	8	51	202	383	247603	1193
34		263	53	111	13	166	395	2068	0	49	582	49	201	6	57	309	522	48	18	227	261	49	262	209670	757				218	2	361	88	25	7	420	18	10	63	92	515	2665	4035	234611	14941
35		0	0	0	0	0	0	0	0	0	0	0	0	0	0	0	0	0	0	0	0	0	0	0	0				0		0	0	0	0	0	0	0	0	0	0	0	0		0
		12795	3023	4664	593	7189	14881	93786	290	1975	26177	1889	8450	280	1491	13537	17905	2066	1403	11342	2497	1897	11072	4103328	29018	212	211	138	10591	83	6966	3075	1103	972	22398	811	455	2674	4563	21296	120866	213255		
																																										GDP in mm USD	4785567	682239
																																											0	0

日本 2009 年增加值数据表

(单位:百万美元)

国家 行业	AUS	AUT	BEL	BGR	BRA	CAN	CHN	CYP	CZE	DEU	DNK	ESP	EST	FIN	FRA	GBR	GRC	HUN	IDN	IND	IRL	ITA	JPN	KOR	LTU	LUX	LVA	MEX	MLT	NLD	POL	PRT	ROM	RUS	SVK	SVN	SWE	TUR	TWN	USA	RoW	外部和内部 GVC 收入	外部 GVC 收入
1	53	9	16	1	27	66	519	1	6	97	6	23	1	5	51	60	7	4	50	36	5	33	63185	177	0	1	1	31	0	28	11	3	2	40	3	1	8	16	303	627	695	66207	3022
2	40	6	10	1	18	45	341	0	4	63	3	16	1	3	34	34	5	3	32	25	3	24	3951	117	0	0	1	23	0	14	8	2	2	21	2	1	6	8	47	252	490	5655	1704
3	80	12	21	2	39	104	834	1	8	127	7	32	1	7	74	67	8	5	64	39	8	44	136758	254	0	1	2	41	0	39	15	4	3	56	4	2	11	21	555	713	1165	141248	4489
4	65	13	21	3	35	83	1018	1	8	153	7	47	1	7	93	98	10	5	62	47	7	86	10390	162	0	0	2	37	0	29	18	4	5	122	5	2	11	103	107	615	733	14195	3805
5	2	1	1	0	2	4	44	0	0	6	0	2	0	1	4	4	0	0	0	2	0	4	1070	9	0	0	0	0	0	1	1	0	1	5	0	0	0	1	7	26	28	1230	160
6	21	4	9	1	10	26	227	0	3	47	3	10	1	2	22	27	3	2	29	21	2	15	11111	57	0	0	0	13	0	13	5	2	1	17	1	1	4	6	51	206	360	12336	1225
7	184	29	53	4	87	173	1598	2	23	373	18	79	3	17	175	193	22	15	161	109	18	114	46272	442	2	2	4	115	1	101	41	10	8	124	10	1	28	46	335	1434	2255	54724	8452
8	389	39	81	6	122	172	1823	6	25	410	22	119	5	20	243	290	31	17	156	165	21	179	50221	497	2	0	5	136	3	105	44	22	13	134	13	2	50	60	262	1530	4490	60878	11656
9	468	97	172	15	327	478	6223	5	70	1136	51	316	8	60	666	577	83	55	441	379	76	449	51765	1728	5	3	7	409	3	265	132	38	33	348	33	15	116	152	977	4906	4855	77944	26179
10	367	49	100	8	129	343	2906	5	40	552	28	131	4	27	284	307	50	25	289	173	57	183	20134	711	3	3	6	227	1	135	70	17	16	239	18	2	46	87	440	2343	3423	33606	13472
11	91	17	31	3	46	94	1101	1	12	212	8	40	1	8	93	92	12	9	75	90	6	281	19508	551	5	2	2	64	0	40	24	5	4	71	5	2	14	29	288	801	1304	20424	5325
12	1126	178	319	32	657	1171	10330	14	139	1863	97	545	13	101	988	1110	184	108	1429	861	68	625	83302	3273	10	13	8	1011	6	438	259	65	65	807	67	28	164	253	1530	8797	15354	137403	54101
13	498	93	197	23	333	500	5817	6	97	997	35	235	8	49	502	400	64	41	512	277	34	261	55274	1656	4	7	4	381	2	368	142	27	25	395	31	15	66	97	1617	4110	4990	73584	29816
14	917	243	293	39	716	1166	6963	19	254	3254	96	578	13	89	1380	1176	111	122	742	598	57	866	47181	2078	10	12	6	1007	14	439	393	66	65	576	98	34	200	253	1256	10720	11881	113898	58024
15	2057	200	643	32	573	1899	5065	27	96	1749	91	663	9	129	1161	1914	251	105	782	357	69	81	5502	945	7	14	2	715	4	532	280	81	33	2846	42	15	230	222	597	13144	15774	101144	53965
16	259	10	10	3	15	49	2351	0	4	134	8	91	9	8	50	50	6	2	104	90	6	20	5502	109	0	1	2	14	0	14	6	1	1	18	1	5	5	20	86	359	266	7237	1734
17	299	46	105	5	144	276	2062	4	13	507	12	125	3	17	255	145	17	24	227	156	17	170	100093	599	3	4	3	181	2	129	62	16	13	223	15	3	44	66	444	2125	3313	112806	12253
18	90	16	31	3	51	129	856	2	18	181	10	45	1	8	92	106	18	8	100	87	26	247	293792	221	1	2	1	65	1	47	32	6	6	100	9	3	16	25	148	752	1568	298326	4594
19	123	23	41	5	66	140	7218	15	127	975	12	159	1	12	123	145	154	11	156	114	14	142	206759	285	15	5	1	112	0	62	30	16	5	151	9	3	21	32	196	1090	1657	50141	9972
20	957	85	370	31	588	990	10399	2	17	1975	17	602	3	104	1121	1188	18	29	388	207	204	207962	311524	1846	1	13	5	602	6	457	246	73	56	1155	77	36	187	642	1283	8123	36265	381043	65519
21	121	25	43	3	64	209	1089	15	24	299	8	74	1	15	144	167	15	12	100	150	17	99	44169	290	2	2	2	79	1	61	32	8	6	159	9	4	22	112	232	1155	2877	50144	7466
22	185	31	58	5	129	333	2340	2	53	331	22	159	3	31	167	243	18	15	156	207	14	116	133135	555	2	2	8	171	2	92	41	11	9	259	10	4	28	46	1874	1370	2359	213027	10719
23	305	69	124	8	183	333	2476	2	23	660	17	159	3	31	330	500	26	29	388	150	14	142	118948	643	3	5	2	171	2	198	79	20	15	290	18	4	73	89	431	2415	6755	149854	17447
24	132	30	56	3	98	116	799	2	23	553	22	150	5	25	167	267	26	12	235	87	14	74	8581	262	3	2	2	1	1	95	57	15	11	296	18	7	41	70	103	973	12242	25450	16869

续表

行业\国家	AUS	AUT	BEL	BGR	BRA	CAN	CHN	CYP	CZE	DEU	DNK	ESP	EST	FIN	FRA	GBR	GRC	HUN	IDN	IND	IRL	ITA	JPN	KOR	LTU	LUX	LVA	MEX	MLT	NLD	POL	PRT	ROM	RUS	SVK	SVN	SWE	TUR	TWN	USA	RoW	内部GVC收入	外部GVC收入
25	183	14	19	1	15	61	684	1	20	90	11	24	0	7	55	158	6	5	101	21	8	56	11120	145	0	1	0	19	0	53	9	5	2	21	3	1	18	11	114	888	1165	15087	3967
26	143	38	108	4	76	124	1157	3	26	397	99	80	2	20	178	205	28	16	182	83	13	134	29313	408	2	3	1	77	1	125	35	13	8	108	9	4	42	46	351	1021	3428	38114	8801
27	125	24	45	4	72	136	1294	2	19	257	15	67	1	14	136	172	23	12	110	83	18	99	102577	313	1	3	1	85	2	79	32	9	7	111	8	4	24	43	243	1080	2351	109092	7115
28	455	90	172	14	247	507	3847	3	68	942	56	250	2	49	489	1142	68	42	434	313	117	350	620015	1015	5	20	3	288	3	787	114	34	24	395	29	13	34	152	742	8020	9005	298316	26198
29	177	36	68	5	102	187	1541	1	27	375	26	98	1	21	196	250	28	17	170	125	26	146	232118	396	2	3	1	116	1	114	46	13	10	162	12	6	36	68	317	1493	4646	640081	11066
30	868	170	317	27	460	971	7783	13	162	1824	108	475	3	120	1046	1445	130	99	695	515	195	956	1628279	1926	9	20	4	586	6	600	259	70	48	748	55	30	184	248	1719	8357	13187	3993104	46625
31	52	8	14	1	21	42	368	1	7	78	5	10	0	5	41	63	6	4	44	27	5	32	77606	257	0	0	0	23	0	28	9	3	1	17	3	1	8	12	79	361	1000	437871	2663
32	17	3	6	0	9	18	162	0	3	34	2	2	0	2	18	23	2	2	14	10	2	7	198279	39	0	0	0	13	0	10	5	1	0	17	1	1	3	4	30	148	222	199117	837
33	19	3	6	0	11	21	181	0	3	38	2	2	0	2	20	25	3	2	17	12	2	13	277806	41	0	0	0	16	0	11	5	1	1	21	1	1	3	4	46	161	345	278648	1042
34	256	48	99	7	155	365	2390	4	43	522	38	138	2	30	281	425	42	29	208	248	38	234	230684	630	2	6	1	169	2	337	69	19	14	210	16	8	50	71	480	2234	3660	253424	13359
35	0	0	0	0	0	0	0	0	0	0	0	0	0	0	0	0	0	0	0	0	0	0	0	0	0	0	0	0	0	0	0	0	0	0	0	0	0	0	0	0	0	0	0
	10851	1874	3658	297	5639	11157	92149	151	1479	20227	1117	5264	112	1061	10668	13203	1525	936	8975	6331	1165	7411	4735970	22318	98	155	61	6979	62	5067	2580	674	513	9654	628	287	1849	3148	17290	88269	173948	4915208	539638
																																										GDP in mn USD	

日本 2010 年增加值数据表

（单位：百万美元）

行业	AUS	AUT	BEL	BGR	BRA	CAN	CHN	CYP	CZE	DEU	DNK	ESP	EST	FIN	FRA	GBR	GRC	HUN	IDN	IND	IRL	ITA	JPN	KOR	LTU	LUX	LVA	MEX	MLT	NLD	POL	PRT	ROM	RUS	SVK	SVN	SWE	TUR	TWN	USA	RoW	外部和内部GVC收入	外部GVC收入
1	58	8	14	1	41	75	554	1	6	96	5	24	1	4	53	57	6	3	66	43	4	33	68781	197	0	1	0	37	0	27	12	3	2	56	3	1	9	25	368	676	784	72137	3356
2	46	6	9	1	25	61	396	0	6	68	3	19	0	4	34	41	4	3	43	33	3	24	4625	142	0	1	2	30	0	15	9	2	2	28	5	1	7	12	58	342	552	6660	2035
3	100	14	22	1	72	138	1013	1	9	146	6	39	1	7	87	93	9	5	97	56	7	52	162966	311	1	1	0	58	0	44	19	5	3	96	4	2	14	38	796	891	1548	168774	5808
4	80	14	21	1	38	97	1127	1	9	160	6	52	1	8	99	104	10	4	95	60	4	80	12488	194	2	1	1	47	0	29	21	5	5	171	5	2	13	144	125	741	895	16961	4474
5	3	1	1	0	2	4	53	0	0	7	0	2	0	0	4	4	0	0	4	2	0	17	1273	11	0	0	0	2	0	1	1	0	0	6	0	0	1	2	8	31	40	1470	197
6	29	5	11	0	16	32	293	0	3	55	3	13	0	3	32	31	3	2	43	31	2	17	13170	78	0	1	0	19	0	15	7	2	1	30	2	1	5	11	62	265	446	14740	1570
7	236	36	58	3	132	239	2220	2	26	429	19	98	2	19	208	222	16	10	253	153	17	135	53960	623	1	2	4	162	0	104	57	11	9	201	12	5	36	89	480	2026	3060	65388	11429
8	509	42	67	5	189	265	2416	2	29	468	22	178	2	36	265	279	32	18	232	209	23	204	58896	717	3	4	2	197	1	125	59	18	14	205	15	7	70	100	369	2138	5499	73936	15040
9	614	115	187	13	481	646	7893	6	86	1303	55	359	8	68	756	656	88	56	683	497	86	532	59599	2280	6	10	4	541	4	295	176	43	42	522	41	17	146	229	1245	6287	6458	93133	33534
10	507	59	100	6	260	456	3444	4	46	650	27	165	13	29	323	384	52	27	445	263	25	223	22440	961	3	6	2	337	3	155	89	20	8	351	20	8	64	127	589	3126	4353	40155	17715
11	123	21	38	2	70	130	1561	1	15	265	8	52	1	10	112	119	14	12	125	109	7	73	17156	727	1	2	1	105	1	52	34	6	5	108	9	3	20	44	441	1130	1692	24404	7248
12	1452	211	354	28	962	1620	14299	12	172	2258	94	606	10	101	1111	1319	187	98	2328	1225	71	784	93103	4303	11	22	7	1390	8	517	331	77	70	1215	78	31	229	400	2221	11440	19425	164179	71077
13	630	107	215	11	444	658	9822	5	100	1219	34	245	6	72	578	505	70	49	916	359	31	327	52205	2644	4	9	2	488	3	394	145	34	23	529	36	15	80	128	2729	5481	6594	87924	35719
14	1198	294	320	25	1027	1552	22191	9	259	3707	97	641	10	139	1540	1412	115	120	1283	737	88	791	61237	2749	11	41	6	1309	6	526	539	76	69	830	113	35	245	280	1752	13274	15442	136094	74857
15	3220	224	681	21	867	2598	7222	19	108	1985	71	989	9	121	1246	2273	335	99	1579	380	84	911	49300	1166	8	29	4	1258	17	649	368	89	39	3862	54	26	316	494	857	17728	19549	120855	71555
16	37	7	9	1	21	58	313	0	4	132	3	21	0	4	45	57	6	2	159	138	2	24	6452	130	0	1	0	19	0	31	9	1	1	30	2	1	6	26	119	472	300	8647	2195
17	366	56	117	6	223	392	3255	3	42	612	26	157	3	28	302	343	43	25	382	216	26	206	116056	824	3	6	2	265	2	141	85	19	15	347	19	7	57	117	665	2928	4468	132850	16794
18	116	18	32	2	71	124	1098	1	14	202	9	53	1	9	102	114	14	8	126	94	8	65	308956	282	1	2	1	87	1	46	28	6	5	112	7	3	19	47	205	970	1738	314783	5826
19	157	24	41	2	91	165	1435	1	18	261	11	68	1	12	131	152	18	11	164	94	11	87	46441	354	2	2	1	113	1	60	37	8	6	145	3	3	25	54	265	1305	2059	53844	7404
20	1178	211	322	18	631	1401	8650	9	138	2306	77	824	12	101	1379	1423	143	69	1030	1067	84	945	321940	2174	11	21	6	791	6	438	330	60	50	2423	96	37	197	2437	1729	12278	42151	409190	87250
21	157	27	42	2	89	181	1302	1	28	297	10	89	1	13	158	193	18	11	151	119	11	106	221474	311	1	1	1	106	1	66	66	8	6	241	13	11	194	323	1485	3586	3000	230911	9437
22	228	34	56	3	258	377	2302	2	25	359	15	95	2	19	181	217	24	14	248	159	20	125	141015	446	2	1	1	148	1	86	50	11	9	199	12	5	33	86	2887	1749	2976	154480	13465
23	373	63	108	6	252	381	2700	3	43	651	34	192	3	29	329	447	65	24	393	244	24	248	124999	725	3	7	2	226	2	172	92	19	15	362	20	9	63	143	529	2839	9631	146470	21471
24	113	30	42	4	106	100	710	2	18	242	20	85	1	15	143	145	18	10	118	175	12	134	7755	187	2	2	1	67	1	64	35	12	9	120	11	6	35	75	106	850	15752	27330	19576

续表

行业\国家	AUS	AUT	BEL	BGR	BRA	CAN	CHN	CYP	CZE	DEU	DNK	ESP	EST	FIN	FRA	GBR	GRC	HUN	IDN	IND	IRL	ITA	JPN	KOR	LTU	LUX	LVA	MEX	MLT	NLD	POL	PRT	ROM	RUS	SVK	SVN	SWE	TUR	TWN	USA	RoW	外部间内部GVC收入	外部GVC收入
25	1228	16	19	1	22	82	427	1	17	96	9	36	0	7	97	69	5	5	135	33	8	77	11208	163	1	1	0	27	0	32	12	6	2	32	4	1	14	19	129	1074	2087	16201	4994
26	175	44	103	3	105	159	1286	2	26	431	102	101	2	20	268	177	25	14	253	109	11	163	30022	512	2	4	2	101	1	92	43	13	8	157	10	5	41	79	476	1250	4530	49292	10908
27	161	26	44	3	123	175	1579	1	19	282	13	79	1	14	150	171	22	11	160	108	13	102	108897	390	1	3	3	113	0	66	40	9	7	177	9	4	27	101	335	1433	2924	117795	8898
28	564	88	149	9	326	602	4701	5	64	952	42	272	5	46	504	602	67	57	577	427	44	390	243134	1184	5	13	3	389	3	232	135	30	23	605	32	13	92	319	949	5235	12776	279607	33472
29	219	57	63	4	134	237	1863	2	27	395	23	114	2	19	216	257	26	15	222	160	17	149	669232	449	2	4	1	151	1	93	56	12	9	257	6	6	38	163	430	1947	5861	682927	13695
30	1127	180	311	18	634	1233	9764	9	143	1935	90	528	10	120	1053	1427	132	97	1055	652	157	731	367623	2310	8	24	5	782	6	498	283	67	47	1107	62	13	197	475	2328	11981	16586	425819	58198
31	99	8	12	1	26	49	361	0	6	73	4	110	1	6	43	46	5	3	51	31	2	11	465821	331	0	2	0	28	0	22	10	3	2	40	0	0	8	18	96	400	1239	466870	3049
32	21	3	5	1	12	21	189	0	2	35	2	76	1	8	18	26	1	1	19	15	1	13	211195	45	1	1	0	16	0	8	5	1	1	23	1	0	3	7	39	182	299	212167	972
33	23	4	8	0	15	26	212	1	3	41	2	2	0	4	20	26	2	2	24	4	1	12	295681	49	0	1	0	6	0	10	9	1	1	30	0	0	5	10	62	194	399	296911	1230
34	344	51	95	5	214	469	2853	5	41	555	33	156	0	29	289	459	41	27	311	295	32	216	253299	821	2	11	2	222	6	333	80	19	14	308	18	7	55	133	671	2936	4584	270033	16755
35	0	0	0	0	0	0	0	0	0	0	0	0	0	0	0	0	0	0	0	0	0	0	0	0	0	0	0	0	0	0	0	0	0	0	0	0	0	0	0	0	0	0	0
	14452	2083	3674	2017	7979	14806	119507	108	1540	22672	974	6392	113	1091	11898	13827	1629	899	13767	8258	940	7976	468005	20810	97	244	61	9966	73	5432	3273	694	534	14909	742	293	2199	6626	24444	117090	220242		
																																									GDP in mn USD	5370277	690182
																																										0	0

德国2008年增加值数据表

（单位：百万美元）

国家 / 行业	AUS	AUT	BEL	BGR	BRA	CAN	CHN	CYP	CZE	DEU	DNK	ESP	EST	FIN	FRA	GBR	GRC	HUN	IDN	IND	IRL	ITA	JPN
1	50	544	428	47	63	82	167	13	203	18585	284	407	13	106	800	801	166	145	28	51	75	910	193
2	22	142	110	8	34	86	116	3	58	6336	64	115	3	26	292	156	30	40	14	33	30	193	59
3	82	1101	885	135	77	155	172	26	399	33626	583	820	29	191	1774	1675	382	278	27	40	170	2163	345
4	50	668	308	19	31	71	106	10	178	288	98	324	15	120	684	749	211	176	19	41	60	687	97
5	7	98	25	2	3	21	28	1	52	-170	25	51	4	22	126	148	23	84	5	5	6	128	49
6	47	262	141	19	31	63	145	6	86	4515	115	209	7	46	462	355	56	63	23	86	32	342	114
7	248	1063	712	65	213	313	709	27	472	20389	367	915	22	141	2216	1840	310	235	139	258	124	1466	357
8	16	167	48	4	21	19	64	1	33	1871	23	69	1	11	156	130	14	15	8	17	24	76	37
9	737	1681	2212	170	1316	1095	3086	54	901	10773	717	3122	66	512	5669	4132	950	634	319	722	359	4454	1994
10	276	856	555	108	314	334	1074	20	479	8574	411	1114	36	199	2092	1708	268	380	104	259	155	1537	452
11	85	448	321	32	110	132	444	7	230	10633	216	416	16	82	835	610	88	147	39	206	55	656	204
12	871	2185	1642	264	1020	1245	4623	56	1162	26176	946	3584	81	607	5974	4195	729	909	402	1197	396	5162	1764
13	1156	2609	1830	420	1386	1485	9939	63	1717	30876	1183	3394	89	775	6130	4441	902	1249	471	1317	312	5049	1663
14	1097	2512	1446	253	1334	1318	8027	51	1149	22872	1053	4729	77	648	5346	5612	880	879	625	922	356	5247	2287
15	855	2374	1603	329	684	1302	4018	92	969	29259	873	4879	63	479	7300	6936	763	1217	170	557	523	5942	1431
16	129	755	290	28	73	139	321	10	243	8469	206	800	10	88	1035	1223	185	127	65	472	51	744	199
17	242	1001	1854	75	574	479	1279	21	435	58709	346	1061	25	282	1811	1584	321	320	111	277	266	1835	497
18	84	254	197	25	112	116	511	6	118	124150	101	339	7	59	538	478	81	89	56	92	45	459	168
19	117	391	287	38	147	155	591	10	167	42696	160	507	11	86	838	743	130	133	51	121	64	720	244
20	498	1641	1218	158	586	673	2644	41	710	106040	661	2171	46	382	3590	3379	558	562	228	538	347	3225	1129
21	337	1187	824	116	397	465	1765	28	508	92811	448	1536	33	250	2536	2249	378	412	137	348	190	2181	678
22	47	528	486	5	418	182	105	2	155	49196	21	151	4	72	110	538	18	24	10	54	71	215	34
23	214	617	505	55	228	256	921	18	249	28706	296	727	17	139	1265	1077	203	178	121	228	97	1061	459
24	66	91	68	9	64	70	238	3	33	1923	73	111	4	76	184	252	28	70	66	82	16	160	374

国家 / 行业	KOR	LTU	LUX	LVA	MEX	MLT	NLD	POL	PRT	ROM	RUS	SVK	SVN	SWE	TUR	TWN	USA	RoW	外部和内部GVC收入	外部GVC收入
1	55	44	75	28	38	5	875	385	83	116	240	67	34	225	127	30	474	2297	29357	10772
2	27	9	20	4	25	1	179	79	20	28	64	18	14	49	48	13	273	529	9369	3033
3	58	79	96	49	49	11	1691	703	162	232	441	114	81	354	105	46	583	3257	53242	19616
4	35	57	35	30	35	4	570	297	96	261	1260	99	36	160	721	10	303	1511	10531	10243
5	16	19	13	8	5	1	65	57	42	51	222	16	8	39	12	9	119	24	1471	1641
6	41	18	31	10	34	2	300	181	34	79	159	34	20	99	86	20	430	1124	9928	5413
7	255	57	103	35	193	10	1059	832	164	202	692	163	74	335	236	124	2861	7073	47066	26677
8	17	5	7	2	17	0	78	70	10	12	34	7	4	33	18	7	213	565	3927	2056
9	844	75	152	89	1113	24	1920	1884	598	653	1802	320	193	888	547	404	9523	11706	78408	67635
10	220	75	68	45	352	11	1011	1032	208	322	632	188	73	421	462	97	2162	5730	34417	25842
11	104	31	66	21	104	4	561	384	64	97	261	59	42	173	368	42	952	2539	21886	11253
12	1128	175	210	118	1089	24	2401	2327	611	867	2330	470	254	1232	1117	416	8535	18506	107000	80824
13	1956	231	171	157	1171	24	2056	2683	532	862	4488	567	332	1550	870	1095	10123	19959	127284	96408
14	1130	160	155	116	911	26	1436	1924	1150	1063	1856	814	253	1769	778	458	10350	18611	111679	88807
15	695	158	264	113	932	23	2310	2088	722	845	4599	452	188	1378	1554	228	9596	14974	113738	84479
16	108	20	95	16	47	6	981	292	82	86	203	66	58	236	273	86	939	1776	21032	12563
17	297	54	95	40	253	9	989	726	265	245	749	140	95	467	344	139	2808	5788	86909	28200
18	106	17	25	12	82	3	254	210	58	75	255	49	24	122	131	49	805	1758	132118	7968
19	139	26	35	18	131	4	395	309	92	115	402	66	33	190	182	60	1130	2762	54493	11797
20	577	112	141	73	505	17	1636	1288	407	508	1733	285	140	864	688	252	5061	14858	160170	54130
21	377	78	103	53	346	12	1179	932	280	361	1256	207	99	546	502	170	3358	6800	126474	33663
22	17	3	12	8	13	6	61	36	40	65	57	57	8	27	27	115	154	563	53714	4518
23	250	37	48	24	168	10	577	530	124	149	545	86	49	369	393	100	1769	6626	49492	20786
24	105	9	5	4	40	2	98	92	20	24	102	14	9	77	205	29	527	6305	11678	9755

人民币有效汇率重估及中国对外竞争力再考察

续表

国家\行业	AUS	AUT	BEL	BGR	BRA	CAN	CHN	CYP	CZE	DEU	DNK	ESP	EST	FIN	FRA	GBR	GRC	HUN	IDN	IND	IRL	ITA	JPN	KOR	LTU	LUX	LVA	MEX	MLT	NLD	POL	PRT	ROM	RUS	SVK	SVN	SWE	TUR	TWN	USA	RoW	内部GVC收入	外部GVC收入
25	126	80	54	6	24	60	204	4	42	4801	29	117	2	30	207	211	29	22	20	22	16	188	118	53	3	5	4	26	2	76	70	24	17	55	11	5	71	82	21	500	800	8236	3435
26	302	735	804	65	282	314	1209	43	280	29353	563	952	25	229	1741	1415	385	213	175	262	116	1453	825	419	50	57	35	202	24	765	561	170	176	654	101	63	478	734	162	2315	11585	60288	30935
27	1117	396	296	30	247	201	783	9	176	47144	145	737	9	74	717	806	105	126	47	112	75	630	212	161	21	125	16	124	5	462	316	94	93	372	61	28	179	166	78	978	2386	58861	11717
28	317	592	495	73	247	292	1034	30	267	91144	257	1195	18	157	1376	1879	290	216	121	444	313	1183	666	330	99	100	56	390	31	898	485	162	178	563	120	52	299	524	198	2430	7608	117060	29916
29	480	1488	1113	145	738	633	2453	38	646	398750	574	2091	41	328	3195	3006	479	508	1126	498	297	2736	960	594	93	150	69	474	19	1507	1162	360	432	1485	280	124	707	649	260	4640	10011	405312	46562
30	2025	5174	4096	489	3262	2474	11646	129	2335	178650	1997	9626	142	1304	11273	12102	1655	1919	752	2181	1816	9624	4594	2735	305	797	230	1851	72	6991	4089	1441	1417	4643	802	432	2680	2093	1146	22597	40997	442201	185331
31	63	213	213	38	92	103	374	7	95	136150	81	275	6	52	459	410	70	77	45	71	44	388	141	306	17	17	49	64	2	217	165	52	99	271	45	20	99	208	31	652	1619	185899	7249
32	60	168	129	17	79	77	316	4	74	124000	66	270	1	44	382	366	55	61	24	41	41	323	125	73	10	2	5	9	2	180	137	44	49	173	30	14	85	75	3	622	1235	141742	5592
33	6	22	17	2	8	8	31	1		12060		28		5	43	42	7	7	2	6	4	41	15	7		2		5		26	17	5	6	18	4	2	10	7		61	141	10663	633
34	223	733	558	62	294	305	1082	18	299	10663	265	1067	18	150	1498	1824	229	234	92	222	143	1252	451	301	40	2	0	217	10	766	542	176	186	608	116	57	310	278	116	2329	4528	149962	21702
35																																									0	0	0
GDP in mn USD	11085	25771	3314	14530	14725	60221	650	14930	2294425	13255	47908	947	7767	72636	67071	10976	11699	5663	11802	6689	62429	22834	13557	2127	3372	1582	11062	408	33968	26885	8392	9930	33225	5998	2917	16521	14608	6990	110168	236651	3272241	1057153	

德国 2009 年增加值数据表

(单位：百万美元)

国家/行业	AUS	AUT	BEL	BGR	BRA	CAN	CHN	CYP	CZE	DEU	DNK	ESP	EST	FIN	FRA	GBR	GRC	HUN	IDN	IND	IRL	ITA	JPN	KOR	LTU	LUX	LVA	MEX	MLT	NLD	POL	PRT	ROM	RUS	SVK	SVN	SWE	TUR	TWN	USA	RoW	内部GVC收入	外部GVC收入
1	42	470	337	40	46	61	136	9	174	15868	234	356	9	82	672	636	138	115	19	41	58	726	156	43	36	49	20	25	5	719	291	71	95	188	52	29	179	135	20	340	1721	24144	8576
2	14	110	67	4	20	24	69	5	36	3163	18	69	1	11	818	104	17	22	5	16	14	543	32	14	3	6	2	13	2	69	36	12	14	32	26	8	23	22	6	141	378	5984	2821
3	77	986	775	128	66	121	148	22	362	24634	525	755	26	174	1598	1369	314	235	19	31	134	1815	298	43	72	84	41	32	12	1512	646	142	198	422	95	76	307	87	31	462	2422	41293	16658
4	43	642	309	12	22	50	98	9	141	-12	78	277	11	93	616	647	163	141	15	31	41	559	80	26	46	30	26	21	4	520	245	74	204	895	79	30	144	504	8	205	955	8083	8096
5	6	104	27	1	2	19	29	4	23	-230	21	43	2	16	115	140	21	62	4	4	6	97	44	11	9	11	5	6	1	50	46	30	46	161	8	15	30	8	8	92	16	1127	1357
6	35	241	113	11	23	44	133	21	368	3637	81	137	4	34	373	251	37	42	13	77	14	253	82	28	15	24	5	22	2	231	110	26	48	105	8	60	72	52	14	265	884	7631	3994
7	203	894	384	46	156	222	626	44	362	15166	288	658	15	112	1799	1390	245	164	96	185	94	1091	267	158	9	80	21	126	8	876	606	105	146	513	119	15	270	159	90	1963	5986	36014	20848
8	14	137	38	3	19	15	62	5	25	2055	16	43	5	10	109	98	12	11	6	13	9	61	28	12	3	4	1	11	0	57	46	10	9	26	8	60	270	13	5	141	433	3587	1533
9	645	1258	1474	127	1171	835	2875	44	693	7073	529	2476	44	409	4512	3063	755	442	344	558	212	3409	1716	545	47	117	57	759	16	1440	1311	510	520	1439	241	148	631	356	319	7225	9868	60117	53044
10	221	742	434	66	231	235	991	5	362	6915	302	814	14	154	1717	1278	192	250	72	201	103	1146	334	155	43	57	24	218	8	797	720	168	210	343	124	50	315	303	68	1466	4495	26350	19435
11	68	373	247	21	80	91	389	49	165	8454	154	267	35	59	644	440	63	102	22	161	251	466	147	74	16	51	11	65	3	468	248	45	59	160	37	28	133	233	29	658	1968	16748	8293
12	720	1870	1331	160	767	836	4406	5	868	22791	672	2238	43	459	4610	3109	507	587	291	897	229	3551	1187	867	86	156	52	696	16	2067	1580	469	539	1399	309	160	861	698	287	5423	14301	82172	59381
13	1098	2234	1464	236	1084	1010	9414	406	1100	27052	826	2348	35	568	4510	3183	696	888	410	888	159	3308	1194	1713	121	118	58	744	18	1563	1687	423	511	2987	358	195	1039	533	715	6418	14983	97399	70348
14	874	2061	1186	182	1009	1045	7751	63	951	17344	862	2862	43	513	4457	4276	578	606	347	735	251	3839	1739	801	96	117	64	581	3	1095	1254	671	691	1156	419	105	1346	600	336	7663	14555	85386	67842
15	707	1745	1367	128	622	946	4323	49	616	28231	714	2789	10	807	6114	5007	509	657	101	486	229	4531	1109	536	50	195	33	932	18	1921	1184	736	351	1897	274	183	946	1051	222	6724	9513	88154	99924
16	91	738	210	19	55	104	1266	46	206	6389	163	355	17	71	921	947	139	95	66	478	236	637	141	78	50	68	26	300	3	777	225	76	63	137	63	44	217	171	60	663	1115	16133	9745
17	229	1019	1779	55	630	473	1392	6	421	60061	300	292	19	229	1715	1358	270	268	67	250	41	1620	419	253	16	90	10	113	16	945	592	340	184	539	40	89	390	263	113	2121	5470	85487	25326
18	102	275	199	20	55	112	622	3	114	120786	98	357	27	71	557	446	76	77	57	100	23	433	158	111	38	24	8	380	11	266	181	99	62	203	46	25	113	115	45	723	1739	128517	7730
19	102	356	242	25	20	120	591	14	133	38879	129	1599	19	229	716	884	100	95	36	450	236	564	188	108	16	114	10	113	8	338	223	77	78	255	40	108	146	126	45	831	2270	48312	9433
20	433	1525	1027	107	515	523	2691	23	585	97403	542	1098	19	336	3106	2678	432	403	160	299	41	2511	848	434	56	34	42	380	11	1425	945	344	347	1119	203	77	686	483	192	3729	13814	142574	45171
21	300	1114	717	78	357	368	1826	1	414	85361	373	134	2	212	2226	1808	301	294	103	190	122	1747	557	301	50	11	30	269	8	1096	690	241	299	834	108	77	432	357	134	2540	5470	112790	27428
22	45	475	439	3	445	229	84	14	158	46279	18	512	12	110	93	449	14	19	7	81	79	173	326	12	2	11	4	9	1	485	77	39	48	40	40	11	28	18	73	105	475	48312	4018
23	174	554	418	36	215	197	896	53	207	26724	234	1253	23	83	1055	838	149	124	80	190	60	827	325	176	23	39	13	120	16	1096	905	103	97	347	46	77	280	277	95	1253	5912	43650	16926
24	56	77	54	6	54	29	247	2	27	1691	23	403	2	11	145	211	7	13	44	81	11	120	215	66	7	3	2	28	4	73	60	15	16	20	13	9	54	136	22	403	6311	10679	8887

续表

行业\国家	AUS	AUT	BEL	BGR	BRA	CAN	CHN	CYP	CZE	DEU	DNK	ESP	EST	FIN	FRA	GBR	GRC	HUN	IDN	IND	IRL	ITA	JPN	KOR	LTU	LUX	LVA	MEX	MLT	NLD	POL	PRT	ROM	RUS	SVK	SVN	SWE	TUR	TWN	USA	RoW	外部间 内部 GVC 收入	外部 GVC 收入
25	113	74	46	5	22	55	206	3	43	4588	24	95	1	25	169	199	21	17	14	19	14	159	83	39	2	4	3	24	1	68	58	21	11	36	9	5	56	61	14	378	839	7625	3036
26	256	666	699	44	268	247	1196	36	238	27179	486	717	14	181	1490	1150	282	156	120	227	76	1174	549	295	33	53	21	151	17	653	418	148	117	426	75	52	368	527	120	1687	10872	53486	26307
27	96	348	240	19	175	147	718	7	148	42733	108	540	5	57	566	604	92	91	30	86	54	482	150	110	12	130	8	98	4	363	220	71	56	268	41	21	132	110	48	684	1976	51855	9122
28	244	631	470	50	275	278	1156	26	269	102580	232	830	15	140	1346	1638	361	178	82	321	138	1015	587	272	27	118	32	320	20	1066	417	154	125	409	93	44	273	404	118	2968	7192	126913	24332
29	446	1303	923	92	1162	493	2413	29	511	347241	456	1434	23	267	2691	2302	374	348	325	993	188	2110	729	588	55	125	36	353	16	1292	814	297	281	913	181	92	533	443	188	3438	8061	303959	36718
30	1866	4972	3615	352	4180	2226	12167	110	2123	1760701	1762	7618	94	1195	10488	9804	1430	1458	554	1821	1490	8117	3617	2274	201	782	138	1519	63	6304	3188	1263	1029	3217	688	359	2199	1960	863	19123	36374	419028	162202
31	55	187	181	18	89	80	350	5	77	229052	64	197	12	42	364	311	56	54	30	57	31	313	109	64	6	17	2	47	2	186	119	43	40	154	33	15	76	100	40	478	1247	182635	5934
32	52	149	108	11	84	62	317	3	61	129467	54	194	1	33	330	283	44	43	17	49	26	255	97	61	6	17	2	46	2	161	98	38	32	107	21	11	65	52	23	479	1022	139898	4521
33	6	21	15	2	8	8	34	1	9	10419	9	8	1	4	40	36	6	6	2	4	4	35	14	7	1	1	0	4	0	23	14	4	5	12	4	1	9	6	3	52	124	2296613	560
34	197	689	473	44	304	248	1093	15	258	212459	221	807	12	129	1342	1636	187	172	66	184	104	1031	369	235	26	70	18	168	8	701	408	153	134	416	86	46	251	198	89	1889	3904	147765	18298
35	0	0	0	0	0	0	0	0	0	10419	0	0	0	0	0	0	0	0	0	0	0	0	0	0	0	0	0	0	0	0	0	0	0	0	0	0	0	0	0	0	0	10419	0
	9575	29040	21617	2151	14431	11575	99807	683	11960	2127459	10618	33880	540	6778	63025	52265	8644	8233	3522	9464	4547	48716	17583	11057	1284	2880	847	8198	349	29600	19072	6677	6615	21186	4149	2184	12620	10158	4443	82682	196391	2985723	847844
																																									GDP in mn USD		

德国 2010 年增加值数据表

(单位：百万美元)

国家 行业	AUS	AUT	BEL	BGR	BRA	CAN	CHN	CYP	CZE	DEU	DNK	ESP	EST	FIN	FRA	GBR	GRC	HUN	IDN	IND	IRL	ITA	JPN	KOR	LTU	LUX	LVA	MEX	MLT	NLD	POL	PRT	ROM	RUS	SVK	SVN	SWE	TUR	TWN	USA	RoW	外部间接 GVC 收入	外部 GVC 收入
1	47	492	348	39	65	70	190	10	186	16794	253	362	10	87	694	797	130	126	26	60	57	775	141	54	30	40	18	33	5	729	333	72	92	226	54	29	207	112	23	380	2205	26398	904
2	13	79	65	3	22	13	69	2	26	3183	14	58	1	9	1825	105	13	21	5	15	7	296	29	13	2	9	1	13	1	55	30	9	10	30	16	5	22	20	6	139	333	5600	2417
3	74	940	725	108	85	127	198	25	347	23471	537	643	26	166	1447	1866	278	216	34	31	124	1731	156	49	56	76	33	34	11	1367	663	133	185	476	104	76	307	122	32	489	2921	40475	17104
4	43	648	277	17	23	50	125	10	138	173	61	254	10	82	512	593	134	127	24	35	26	574	69	12	42	7	4	26	4	467	240	89	189	1497	74	27	139	501	8	215	809	8399	8226
5	7	96	21	4	2	19	26	1	28	-136	22	42	4	16	93	126	25	9	3	11	6	94	38	3	11	1	1	4	4	49	64	25	40	200	10	5	29	8	6	84	20	1174	1310
6	44	241	108	11	29	175	704	4	58	3899	75	134	13	57	383	261	33	38	21	111	14	260	86	12	9	7	18	23	7	219	115	26	46	115	21	13	29	8	18	280	904	8076	4177
7	219	871	683	48	218	704	3449	20	336	14848	268	627	12	104	1109	1395	203	156	101	222	6	3512	302	90	34	23	18	148	0	1364	651	104	141	450	108	50	290	186	101	2280	6026	36231	21283
8	16	160	35	3	24	80	477	15	28	2330	18	42	5	6	66	91	11	13	7	15	6	66	30	15	3	3	5	4	7	53	54	8	9	33	6	3	29	15	7	143	446	3954	1623
9	726	1259	1456	126	1473	2386	5697	44	746	8539	554	2417	8	104	4691	2930	685	479	296	627	201	3547	1902	182	45	114	53	855	15	814	1481	459	474	1674	248	138	723	433	384	7527	11334	66504	56965
10	16	752	438	67	297	104	1328	15	400	7126	295	789	3	198	1826	1433	175	262	100	254	95	1217	153	105	43	55	11	275	3	764	796	165	236	430	124	47	375	388	96	1760	9062	28788	9699
11	255	377	290	22	96	238	477	5	158	8436	142	268	12	61	662	480	57	106	28	174	23	480	30	72	43	46	11	887	2	413	266	46	57	33	6	3	29	15	7	748	2018	17115	8699
12	71	2033	1462	190	1007	1121	5097	45	1004	27199	656	2385	42	496	5475	3787	501	657	384	1099	226	4211	1455	1021	91	165	54	887	20	2009	1481	506	589	1775	335	160	1202	1018	384	6978	16399	97550	70351
13	848	2221	1421	252	1256	1110	11512	61	1082	278818	736	2050	57	486	4513	3350	654	897	503	831	140	4345	1183	949	135	114	58	840	15	1502	1798	394	466	3130	351	184	1218	658	96	7289	15603	103344	75325
14	245	2219	1120	125	1274	1208	6582	48	1118	19900	721	2758	99	519	4802	4709	604	622	438	746	229	5190	1339	678	98	106	41	717	38	1953	1331	597	715	1328	448	167	1415	649	57	8534	19807	95379	75479
15	91	1630	179	22	725	1316	9965	6	192	29914	600	2364	14	405	4513	6616	453	758	168	337	344	659	1951	1788	59	232	22	840	15	705	1453	996	334	2766	294	114	1515	1611	462	8279	10663	101486	71572
16	105	988	1833	54	64	112	6582	8	398	6708	142	538	6	73	940	769	127	88	164	664	209	1518	156	949	59	65	8	31	4	819	234	73	62	162	78	41	211	203	386	689	881	16374	9670
17	1011	1060	1562	104	856	628	1672	18	568	50752	257	749	16	276	2007	1417	234	245	106	268	36	2314	426	272	13	106	22	104	15	1241	227	213	172	626	110	18	408	304	371	6279	5578	84906	26154
18	109	333	161	73	152	117	689	8	106	30857	81	307	6	61	706	434	84	70	43	64	151	1671	541	110	34	45	8	384	10	908	704	311	304	1252	44	21	118	140	70	873	1795	124979	7663
19	91	248	223	3	148	132	3062	32	128	38857	111	289	8	51	2981	598	357	88	44	268	108	131	25	308	60	36	26	1267	7	46	27	21	221	47	190	66	156	546	145	115	14050	47651	9594
20	105	338	907	33	576	563	2094	21	162	95765	322	1323	24	276	2185	2697	251	376	193	199	68	781	181	442	45	45	3	131	1	1341	947	229	221	1252	137	18	708	408	52	3821	16399	140624	44859
21	444	1449	666	33	407	399	100	1	185	10486	16	954	18	51	85	1854	11	277	126	91	103	781	322	308	2	26	12	29	7	414	337	21	56	389	51	21	475	19	56	2620	881	111247	27459
22	34	333	322	33	703	207	1037	13	105	44851	20	437	9	13	1025	826	11	17	8	199	68	116	138	13	20	3	3	29	7	52	57	13	11	68	59	6	34	270	23	115	3666	48023	4072
23	174	493	363	33	222	299	299	13	165	26450	181	437	9	13	1025	117	16	118	65	199	68	131	81	58	3	36	12	29	7	52	337	13	11	389	59	32	244	48	91	1338	927	44136	17686
24	50	47	40	4	56	44	259	2	19	1819	20	93	9	8	134	117	16	12	38	91	36	131	138	162	3	9	2	9	1	46	337	21	11	68	9	5	34	48	23	368	6812	10696	8078

续表

行业	AUS	AUT	BEL	BGR	BRA	CAN	CHN	CYP	CZE	DEU	DNK	ESP	EST	FIN	FRA	GBR	GRC	HUN	IDN	IND	IRL	ITA	JPN	KOR	LTU	LUX	LVA	MEX	MLT	NLD	POL	PRT	ROM	RUS	SVK	SVN	SWE	TUR	TWN	USA	RoW	内部和外部GVC收入	外部GVC收入
25	120	63	41	4	27	9	238	2	35	4612	17	69	1	17	143	164	15	15	17	23	10	135	68	37	2	3	2	28	1	51	52	17	11	43	8	4	50	62	15	351	1068	7710	3098
26	266	605	628	40	321	225	1431	30	220	27062	376	596	13	120	1408	1077	230	145	132	251	62	1096	479	309	27	50	18	168	17	542	390	134	105	481	69	44	342	484	148	1730	12165	54081	27018
27	98	287	210	17	289	151	1059	6	116	40798	84	546	4	47	537	633	67	70	57	86	38	437	151	110	10	154	6	97	3	266	207	98	55	256	34	17	136	111	67	772	2045	50166	9368
28	255	570	430	45	353	308	1522	15	234	107558	196	714	11	113	1301	1372	289	155	112	373	88	1007	438	246	24	65	19	294	9	591	403	135	121	508	81	40	286	335	137	4586	9502	134840	27282
29	609	1220	864	89	1276	506	2941	27	496	327868	395	1282	21	233	2732	2308	316	333	386	403	199	2064	722	443	50	116	31	361	15	1112	838	286	259	1068	170	80	593	509	234	3911	9651	366074	38205
30	1911	4216	3313	323	4315	2440	14960	100	1841	245718	1445	6429	83	914	9866	9566	1176	1227	681	1794	1086	7561	3402	2155	175	633	110	1526	56	5025	3000	1098	904	3394	616	293	2179	1721	1001	23855	38735	441045	16927
31	63	188	189	21	118	102	467	5	79	170652	60	187	4	38	415	341	51	54	46	65	25	323	116	429	8	16	16	53	2	174	130	43	40	209	28	14	88	187	65	568	1440	177142	6490
32	147	20	110	1	11	76	418	3	62	131305	49	799	4	30	399	315	40	43	22	53	3	265	103	7	8	2	1	50	2	147	106	39	52	135	21	10	77	66	31	605	1994	136082	5077
33	6	598	445	2	2	289	1408	0	9	234048	8	4	4	4	1337	1660	5	163	2	193	88	1000	14	263	1	7	15	177	7	22	15	4	4	476	3	1	10	7	3	59	149	49249	611
34	223	1	42	2	360	0	0	14	245	122371	195	137	0	112	0	0	129	0	0	0	0	0	573	0	39	0	0	0	0	597	417	137	123	0	81	39	270	229	110	2092	4216	142349	19079
35	10483	27640	20819	2167	16950	13330	94003	658	11855	10134	9383	30697	514	5639	64151	55022	7574	8032	4449	10008	3848	49475	17831	11374	1203	2645	789	8830	325	26157	20005	6666	6274	25093	4056	1941	14106	11820	5738	90657	21500	2992408	903105
										20799170																																GDP in mn USD	0	0

128 国家智库报告

法国 2008 年增加值数据表

(单位：百万美元)

国家\行业	AUS	AUT	BEL	BGR	BRA	CAN	CHN	CYP	CZE	DEU	DNK	ESP	EST	FIN	FRA	GBR	GRC	HUN	IDN	IND	IRL	ITA	JPN	KOR	LTU	LUX	LVA	MEX	MLT	NLD	POL	PRT	ROM	RUS	SVK	SVN	SWE	TUR	TWN	USA	R&D	外部间内部GVC收入	外部GVC收入
1	76	114	1208	36	76	191	306	23	69	2065	127	1449	13	71	34090	1476	232	63	33	66	1206	1956	356	77	19	113	13	61	18	778	156	304	74	325	29	18	134	146	50	838	4890	52564	18174
2	12	39	55	3	15	42	45	1	13	271	12	88	1	8	2688	87	13	8	5	16	9	94	30	13	2	1	1	12	0	33	32	14	13	42	8	4	20	23	5	149	264	4337	1650
3	79	92	1345	39	47	279	399	16	56	1774	133	959	20	84	31047	1644	237	36	25	27	122	1152	462	88	18	53	14	58	8	539	129	161	52	263	21	13	132	60	67	941	3846	46561	15514
4	46	50	320	10	22	46	106	10	28	523	22	561	5	20	1644	513	158	30	8	24	4	789	261	77	18	137	7	22	3	87	65	143	110	491	14	10	37	391	35	411	1211	8420	6776
5	14	9	33	1	5	9	2	2	6	103	5	6	1	4	-30	135	35	4	1	7	2	367	361	149	2	6	4	10	0	10	8	35	9	111	14	1	8	10	30	205	10	2031	2061
6	34	18	111	4	13	23	48	5	12	209	13	125	1	9	3362	151	19	8	8	32	45	169	46	14	7	8	2	10	2	91	28	31	13	29	6	4	15	27	8	342	430	5435	2073
7	73	65	321	13	81	134	233	7	47	861	50	178	4	33	14577	991	70	39	6	73	13	530	145	85	7	30	3	57	1	221	107	87	43	119	6	12	99	75	33	1021	1629	22262	7685
8	11	14	102	2	20	30	56	3	9	336	11	99	2	12	3336	270	17	9	8	13	45	104	50	17	2	4	4	42	2	84	23	15	15	34	4	5	40	33	10	323	735	5926	2590
9	290	204	466	57	317	576	755	24	164	2378	152	1415	12	120	4806	1477	313	299	81	170	156	1745	654	236	7	34	25	304	7	444	525	267	199	608	83	39	339	160	122	3198	4158	30637	22331
10	91	91	262	11	112	117	290	3	73	1152	62	589	10	33	5969	652	78	98	35	57	74	589	162	72	11	26	4	95	4	218	202	106	71	161	22	18	112	170	28	716	1928	14605	8636
11	32	44	208	11	45	61	139	3	40	488	29	308	3	12	9178	304	35	28	12	22	57	320	96	40	7	19	8	31	1	108	80	43	30	77	12	11	44	176	13	424	981	13640	4462
12	311	327	900	72	362	409	1349	14	235	3424	215	2081	12	149	20517	1700	263	174	81	467	136	2136	640	802	11	98	25	321	8	619	509	326	295	616	116	71	345	402	116	2709	6693	30637	29292
13	239	198	839	66	330	321	1210	6	195	2279	176	1444	10	133	8525	1098	209	132	92	217	74	1352	326	590	11	50	17	186	4	437	426	205	218	563	107	44	276	197	87	1894	4810	29871	20845
14	61	209	494	54	363	415	1627	14	137	2825	136	1600	3	100	8453	1561	202	120	157	225	152	1592	541	287	39	59	25	193	4	403	384	264	209	379	78	55	259	242	107	2426	5161	31812	23359
15	213	175	184	12	210	165	168	3	169	5703	105	1648	3	95	11148	1536	123	79	69	588	136	1334	200	190	28	50	19	81	4	309	352	397	179	990	38	15	171	485	30	1643	5462	33110	21962
16	64	53	468	15	53	68	245	2	38	587	32	446	3	40	6172	674	80	27	24	132	106	443	264	79	6	45	16	51	2	155	101	118	55	117	24	21	49	133	57	794	1180	12497	6326
17	32	76	184	6	42	70	133	4	56	832	45	431	2	16	33176	485	30	66	18	71	30	503	151	68	8	35	19	56	9	192	122	107	38	579	15	10	89	48	28	736	1478	40445	7259
18	49	42	184	4	54	43	191	2	33	327	18	214	1	40	168260	229	52	28	95	44	211	359	114	49	6	15	7	66	2	77	48	37	183	465	73	50	53	74	14	324	738	171387	3127
19	32	201	848	15	270	339	988	4	154	2269	150	1619	2	16	39825	1699	246	135	18	131	119	1698	384	254	28	74	19	185	9	529	384	303	155	254	60	41	255	149	101	2326	6368	41896	24803
20	244	167	726	48	212	279	755	6	130	2360	126	1368	2	40	89179	1439	210	113	71	238	24	1451	456	193	23	15	7	151	8	447	323	289	25	74	15	7	209	286	79	1875	4432	105178	19663
21	195	28	111	8	45	53	153	2	22	360	20	243	2	16	85515	239	33	19	14	41	57	218	79	41	4	30	4	26	4	79	54	40	61	254	10	5	37	52	15	351	817	59999	3416
22	57	96	337	23	122	142	435	4	70	977	59	563	2	44	36583	613	88	56	26	131	2	585	228	112	11	74	15	66	4	205	206	98	155	234	78	7	169	206	39	872	3179	57961	10383
23	103	95	111	3	45	21	153	17	22	103	9	34	2	6	47578	65	7	56	14	11	5	43	19	32	2	15	11	11	1	29	23	7	25	29	10	3	22	78	8	153	1949	3858	3012
24	18	13			19										846																												

人民币有效汇率重估及中国对外竞争力再考察   129

续表

行业\国家	AUS	AUT	BEL	BGR	BRA	CAN	CHN	CYP	CZE	DEU	DNK	ESP	EST	FIN	FRA	GBR	GRC	HUN	IDN	IND	IRL	ITA	JPN	KOR	LTU	LUX	LVA	MEX	MLT	NLD	POL	PRT	ROM	RUS	SVK	SVN	SWE	TUR	TWN	USA	RoW	外部间内部GVC收入	外部GVC收入
25	205	56	87	8	23	127	558	2	61	207	17	264	2	30	3319	458	44	43	53	23	70	206	239	96	2	4	8	36	3	130	95	95	26	56	27	9	144	204	21	1461	1293	9893	6674
26	116	125	577	24	140	152	509	11	75	1238	96	743	8	64	29887	752	211	86	75	124	65	755	315	185	16	38	14	82	11	331	181	147	80	265	33	34	181	380	55	1062	3849	42192	13205
27	93	66	277	16	247	163	521	5	48	728	44	665	4	38	42158	693	66	46	27	85	54	536	149	107	7	113	6	56	3	212	182	93	49	218	22	13	85	130	63	672	1640	50402	8204
28	212	208	678	42	226	361	818	17	127	1844	112	1230	14	117	98031	1381	189	97	81	266	150	1215	463	225	20	97	35	137	6	559	276	218	144	397	53	35	190	428	99	1882	6363	119260	21009
29	159	123	482	32	198	230	666	11	93	1546	86	1066	8	76	354160	1036	144	81	57	174	107	953	338	180	16	66	13	113	6	348	231	174	107	521	43	29	157	221	66	1555	3448	366898	14738
30	1141	756	3024	194	1884	1708	5867	67	581	9337	532	8842	51	597	272300	6816	845	495	343	1151	868	5658	2147	1626	97	620	77	755	34	2771	1444	1102	625	1894	258	175	1017	1259	496	11995	20386	371584	99504
31	31	23	95	6	37	48	137	2	17	276	16	228	1	15	188860	203	26	15	10	26	26	174	84	30	5	17	13	21	1	74	43	32	19	91	8	5	30	40	13	330	583	191119	2799
32	47	36	133	8	52	63	189	3	28	459	24	291	2	21	129970	294	34	23	17	52	28	270	94	47	5	5	5	31	1	93	68	53	31	39	13	9	47	67	18	443	955	134135	4165
33	69	23	58	12	20	202	85	2	11	169	10	125	0	8	188060	390	24	8	15	60	12	107	57	32	3	17	1	44	3	43	26	21	12	112	5	3	17	22	9	198	380	222654	2274
34	116	52	208	75	75	190	309	11	36	588	34	601	0	31	220300	965	65	57	20	60	51	372	131	109	5	98	0	44	16	158	100	70	37	112	16	11	66	107	42	732	1184	92005	6821
35	0	0	2	0	1	0	0	0	0	5	0	0	0	0	14965	3	0	0	0	0	0	0	0	1	0	0	0	0	0	0	0	1	0	0	0	0	0	0	0	5	11	15012	47
GDP in mn USD	4798	3820	18820	989	9853	7076	20164	382	2862	47697	2709	53475	260	2300	2109972	33012	4473	2995	1753	5145	3070	30021	10375	5469	492	2090	380	3363	180	10929	7005	5436	3256	9672	1331	879	4847	6850	1985	45440	102588	2574696	449760
																																											0

法国 2009 年增加值数据表

(单位：百万美元)

国家\行业	AUS	AUT	BEL	BGR	BRA	CAN	CHN	CYP	CZE	DEU	DNK	ESP	EST	FIN	FRA	GBR	GRC	HUN	IDN	IND	IRL	ITA	JPN	KOR	LTU	LUX	LVA	MEX	MLT	NLD	POL	PRT	ROM	RUS	SVK	SVN	SWE	TUR	TWN	USA	RoW	外部国内增加值GVC收入	外部国外GVC收入
1	69	89	919	30	56	153	299	20	62	1654	94	1177	7	56	27834	1159	186	44	24	46	90	1426	288	57	15	82	8	47	10	579	115	346	52	295	23	14	108	91	42	658	3654	41859	14024
2	12	49	33	3	13	57	44	16	13	169	7	94	1	6	1854	61	13	12	4	12	8	458	28	10	2	3	1	10	2	28	21	13	10	30	19	5	11	18	5	119	278	3546	1692
3	65	69	958	35	37	199	270	11	46	1353	88	727	8	61	24461	1209	104	27	21	19	76	844	334	58	14	91	6	40	4	423	94	131	37	191	16	9	102	45	51	660	2754	39827	11366
4	41	44	311	7	15	50	102	10	24	447	15	458	4	4	1855	478	122	25	6	26	8	684	230	58	8	20	6	14	2	74	56	112	87	361	10	8	28	241	29	317	1043	7458	5603
5	19	10	34	1	5	57	122	2	6	114	4	125	1	5	-75	136	32	4	9	4	5	331	337	156	14	7	6	8	0	9	7	28	10	110	10	8	7	9	36	262	8	1924	1999
6	28	14	81	2	10	16	41	4	8	199	8	119	3	27	2834	102	13	5	4	4	5	103	35	10	3	7	4	7	2	60	18	23	8	18	18	2	10	16	7	156	332	4288	1464
7	8	57	299	10	78	125	227	4	42	809	41	491	11	27	13615	496	60	29	22	99	35	428	140	10	5	5	4	44	3	197	89	67	35	96	18	6	54	57	31	795	1586	20332	6718
8	10	8	43	2	10	15	33	1	54	200	45	50	3	5	2322	136	10	5	10	8	5	56	33	7	2	2	4	8	0	39	12	9	5	17	18	2	21	11	4	120	332	3663	1241
9	8	175	690	38	303	376	766	13	146	2079	125	1308	11	105	8136	1278	288	179	27	149	127	1511	699	159	17	27	21	250	6	380	427	249	183	568	78	11	293	121	124	2634	3896	20332	19991
10	10	36	154	40	85	93	262	5	54	949	45	455	3	4	5076	483	60	41	10	55	78	458	124	63	5	2	4	61	3	71	142	94	49	56	71	13	73	119	22	520	1705	28126	6833
11	23	57	379	57	37	46	119	14	29	412	23	238	11	73	8302	231	25	19	27	30	41	261	33	7	2	17	2	22	3	100	142	33	20	202	10	8	32	57	11	310	853	12509	3544
12	20	229	530	24	267	307	1005	13	151	2445	130	1327	6	129	18010	1152	177	107	10	301	53	1332	424	243	12	56	13	183	6	452	300	231	177	322	84	48	211	311	76	1748	5340	11846	20521
13	16	173	142	7	215	219	1017	10	117	1688	114	821	2	104	10042	803	70	97	94	131	106	967	239	207	9	22	2	152	3	346	245	148	136	399	74	10	173	136	67	1254	3980	38541	15437
14	66	190	458	15	172	279	1295	3	81	1797	87	1217	2	72	6930	995	56	68	83	151	101	1031	346	190	13	27	13	112	5	255	214	183	98	202	38	6	121	142	67	1275	3756	25579	15508
15	33	133	458	9	43	144	575	3	105	3033	70	332	6	40	12912	1098	70	48	75	151	70	968	146	99	9	30	2	62	8	138	188	273	104	233	74	31	174	393	19	1600	6753	31724	18812
16	44	150	119	3	52	51	139	4	81	511	23	388	2	16	5667	445	45	17	18	152	53	341	212	55	13	16	1	47	2	190	71	99	31	322	38	62	121	85	19	1275	827	10476	4810
17	44	44	168	9	49	64	255	2	105	803	15	199	2	40	32551	305	25	53	22	124	101	476	149	55	17	24	4	145	3	255	100	100	44	119	38	10	82	73	27	611	1531	39456	6885
18	66	71	771	47	348	307	892	3	123	338	16	283	9	106	151647	1428	210	17	16	184	92	195	104	99	14	64	12	30	8	468	99	35	28	420	84	4	210	40	13	301	706	154796	3109
19	26	57	674	36	196	257	723	6	104	512	25	1326	8	89	34302	1228	183	53	82	142	161	305	515	55	17	55	5	145	2	400	279	55	135	345	38	8	175	265	18	383	1108	154796	4326
20	220	176	101	6	49	47	141	4	18	2299	16	1138	1	15	82902	541	28	14	64	87	92	1429	422	194	14	11	2	21	5	238	238	255	116	54	28	40	31	220	89	1894	6295	38628	21716
21	179	149	313	17	121	132	427	15	63	2073	100	201	4	41	80249	1228	77	44	12	67	18	518	201	155	2	23	5	7	1	72	40	34	18	301	66	6	31	40	13	1551	4992	104108	17267
22	33	24	19	2	49	16	71	6	6	318	16	481	1	12	58947	204	6	14	1	24	46	35	20	30	1	11	0	20	5	192	157	86	7	21	9	17	158	172	35	298	801	57959	3012
23	90	84	313	17	121	132	427	15	63	882	47	1138	4	15	46253	541	28	44	20	24	4	35	67	30	4	23	5	7	1	21	17	6	7	21	9	17	158	56	35	723	3221	55751	9497
24	15	10	19	2	16	16	71	2	6	82	5	201	1	12	1857	76	6	3	20	2	4	35	67	19	2	1	0	7	1	21	17	6	7	21	9	2	19	56	6	119	2025	3711	2854

续表

国家/行业	AUS	AUT	BEL	BGR	BRA	CAN	CHN	CYP	CZE	DEU	DNK	ESP	EST	FIN	FRA	GBR	GRC	HUN	IDN	IND	IRL	ITA	JPN	KOR	LTU	LUX	LVA	MEX	MLT	NLD	POL	PRT	ROM	RUS	SVK	SVN	SWE	TUR	TWN	USA	RoW	外部间内部GVC收入	外部GVC收入
25	154	43	77	5	22	127	542	2	63	187	14	234	1	33	3385	468	36	36	64	22	68	275	166	62	2	2	4	32	3	129	74	87	19	44	26	9	140	171	17	1154	1516	9515	6131
26	106	109	529	18	144	143	501	10	68	1168	81	644	5	61	28373	687	177	69	76	92	53	697	264	131	10	33	8	63	13	312	140	137	62	210	31	31	166	314	50	882	3903	40682	12209
27	84	55	229	12	422	155	501	10	40	647	34	604	3	29	40704	552	63	35	22	63	49	447	133	87	5	85	4	64	3	170	127	82	35	200	19	12	67	92	33	990	1665	48226	7522
28	191	157	706	35	295	370	846	17	105	1871	116	1164	8	90	101164	1411	177	88	75	202	132	1127	443	194	14	87	27	126	10	569	228	211	101	332	56	35	178	421	87	1753	6481	127102	20658
29	140	103	430	23	218	204	599	2	74	1337	68	867	5	62	338654	868	120	60	48	110	82	791	296	128	9	49	8	91	5	309	168	145	77	234	38	23	128	166	55	1281	3286	351399	12714
30	1009	648	2736	145	2552	1594	4988	58	495	8418	442	7468	35	426	247830	5995	722	379	296	745	691	4830	1922	1045	58	485	51	675	32	2645	1070	941	463	1394	236	151	838	971	379	11132	19974	336818	88988
31	24	17	75	4	36	38	105	2	12	216	11	163	1	10	188870	152	19	10	8	18	15	129	50	23	2	2	8	16	1	99	29	24	12	29	6	4	21	26	10	348	494	188005	2135
32	33	25	100	5	44	47	143	2	18	330	16	195	2	15	127799	204	27	14	13	18	18	189	68	29	2	10	8	8	1	68	40	36	18	81	10	6	32	42	12	300	777	130794	2995
33	75	15	44	2	17	152	69	2	9	126	7	87	2	6	218827	380	21	5	14	43	8	76	27	20	5	45	0	35	0	33	17	16	7	29	4	2	12	14	7	146	302	219843	1816
34	96	44	184	9	79	179	316	4	32	527	28	464	2	24	82344	875	48	27	17	43	39	310	113	89	14	4	4	33	4	143	76	60	27	81	14	6	53	79	38	597	1098	88256	5913
35	0	0	0	0	1	0	0	0	0	3	0	2	0	0	14356	2	0	0	0	0	0	2	1	0	0	0	0	0	0	1	0	0	0	0	0	0	0	0	0	3	8	14386	30
GDP in mn USD	4119	3144	13638	695	6258	6149	17844	305	2248	40334	2064	29808	161	1840	2007822	26247	3646	1784	1488	3235	2333	24442	8773	3907	281	1508	235	2619	156	9449	4954	4460	2277	6963	1153	710	3839	5171	1611	36983	90761	2401497	373519
																																											0

法国 2010 年增加值数据表

(单位：百万美元)

行业\国家	AUS	AUT	BEL	BGR	BRA	CAN	CHN	CYP	CZE	DEU	DNK	ESP	EST	FIN	FRA	GBR	GRC	HUN	IDN	IND	IRL	ITA	JPN	KOR	LTU	LUX	LVA	MEX	MLT	NLD	POL	PRT	ROM	RUS	SVK	SVN	SWE	TUR	TWN	USA	RoW	外部间接GVC收入	外部GVC收入
1	87	99	1007	42	91	194	422	18	73	1721	108	1315	9	67	31302	1333	186	51	39	69	98	1690	338	73	21	103	8	62	10	648	142	246	55	378	34	13	119	102	56	830	5019	48267	16965
2	15	27	36	2	20	52	63	4	14	164	7	63	1	5	1771	62	10	15	7	18	1	234	36	14	3	4	1	13	1	25	24	11	8	26	4	3	12	21	7	140	438	3459	1688
3	65	63	807	42	45	189	293	10	38	1108	75	618	8	51	19924	1067	138	23	27	18	40	775	287	53	16	15	5	37	6	346	88	106	32	190	13	7	83	38	48	628	2766	30286	10362
4	48	45	263	8	19	53	133	10	21	447	13	422	3	8	1472	418	98	23	6	26	3	663	207	55	10	18	5	14	2	66	52	104	80	418	11	7	25	260	24	326	967	6867	5395
5	15	10	24	1	7	17	148	2	5	104	4	112	1	1	−55	123	22	3	9	4	4	292	257	173	1	5	1	8	0	8	8	23	9	115	1	0	6	9	33	230	10	1772	1827
6	22	12	73	2	12	57	49	4	6	146	7	106	2	5	2460	101	10	4	5	30	2	105	33	10	5	5	3	6	0	47	17	17	7	98	4	2	12	18	7	145	287	3620	1360
7	67	50	254	9	98	118	266	1	37	709	57	437	2	10	12796	471	47	25	44	63	4	431	134	68	5	28	3	46	1	157	91	53	34	98	16	8	50	60	30	977	1500	19384	6388
8	24	11	78	3	21	24	99	5	7	204	11	79	0	5	3290	189	18	6	7	12	10	104	49	13	2	3	2	18	1	71	19	10	6	28	3	2	32	15	7	204	479	5143	1852
9	313	145	411	34	378	394	818	16	133	1938	116	1015	8	10	6922	1004	219	140	80	154	103	1330	706	166	14	28	18	256	2	314	424	167	144	599	16	8	266	125	112	2604	3951	25688	18764
10	77	67	198	13	104	48	322	5	53	923	41	383	8	7	4971	467	50	36	31	33	33	442	132	55	12	19	3	66	5	141	142	67	45	108	3	4	32	125	25	550	1686	10476	6746
11	29	34	149	7	42	319	199	17	24	388	19	207	5	98	7059	233	154	18	10	40	26	245	77	30	2	3	8	24	2	77	53	26	18	28	16	8	266	60	25	319	825	11717	3417
12	232	234	630	36	308	235	1279	32	148	2493	115	1233	4	41	16366	1195	127	96	106	294	50	1458	440	251	14	59	8	207	5	379	312	197	167	382	57	42	251	378	98	1877	5250	39811	14298
13	208	152	636	36	263	291	1143	11	104	1670	99	776	5	75	10045	789	90	34	96	173	33	952	250	237	12	30	3	139	3	286	243	136	72	405	22	31	193	170	82	1362	3978	19700	14538
14	188	115	293	30	240	276	1344	9	76	3719	68	1366	4	123	13902	895	98	47	94	148	40	1180	355	163	8	26	3	86	2	179	189	147	78	220	9	28	183	127	72	1571	3473	39881	22829
15	147	157	617	26	262	160	1046	15	111	487	72	312	4	15	5161	1447	48	98	63	148	68	1065	203	91	13	30	1	53	5	257	347	202	111	406	71	77	187	103	39	1779	679	10476	4669
16	71	35	116	7	48	54	325	2	50	764	14	361	3	38	13082	537	63	16	19	61	11	388	206	64	6	26	2	17	1	111	63	66	30	136	62	28	38	83	59	998	1609	9835	7115
17	71	12	162	12	179	74	323	4	25	289	23	174	3	14	14083	437	63	45	6	87	87	469	158	62	3	15	1	53	2	168	104	78	42	100	41	19	47	103	31	689	1172	10476	2945
18	115	157	773	43	65	155	1159	19	123	514	15	266	2	34	33358	1482	190	19	13	213	34	184	109	41	4	18	2	17	4	90	306	26	27	492	32	5	38	313	14	322	737	14298	4509
19	47	35	616	34	63	54	849	15	95	2904	89	1294	8	80	83478	1161	50	92	19	145	41	1520	560	216	14	84	3	170	8	433	238	213	134	380	8	40	233	235	106	2208	6908	142298	17006
20	246	172	97	5	334	369	173	2	16	1962	15	1006	6	14	73457	198	24	71	100	91	95	1197	417	156	6	66	1	128	1	338	306	168	105	880	12	30	179	225	78	1635	4327	38067	3077
21	181	133	255	15	229	281	433	6	45	779	38	400	1	34	53225	471	60	12	13	30	14	190	71	32	14	13	4	56	3	60	41	28	18	194	60	5	32	235	15	342	798	10948	2470
22	35	23	50	5	64	53	229	2	11	316	15	65	2	11	45486	113	16	31	54	9	9	480	203	80	2	26	1	25	1	143	113	65	41	80	8	14	99	43	38	748	3814	9063	4509
23	87	62	255	15	64	118	173	2	11	316	15	65	2	11	45486	113	16	31	54	9	9	480	203	80	2	26	1	25	1	143	113	65	41	80	8	14	99	164	38	748	3814	52935	3077
24	46	20	50	4	57	43	229	1	11	184	13	65	2	11	4978	113	16	8	39	9	9	117	133	51	3	4	1	25	1	43	26	14	10	80	7	14	31	53	24	347	6795	13758	8780

续表

国家 行业	AUS	AUT	BEL	BGR	BRA	CAN	CHN	CYP	CZE	DEU	DNK	ESP	EST	FIN	FRA	GBR	GRC	HUN	IDN	IND	IRL	ITA	JPN	KOR	LTU	LUX	LVA	MEX	MLT	NLD	POL	PRT	ROM	RUS	SVK	SVN	SWE	TUR	TWN	USA	RoW	内部GVC收入	外部GVC收入
25	167	36	65	4	28	146	662	1	45	133	11	149	2	24	3183	311	18	25	34	30	44	205	118	67	1	2	5	35	2	84	62	55	16	45	17	8	123	198	18	958	1965	9181	5998
26	108	95	495	17	185	156	618	9	59	1032	72	554	5	50	26884	615	125	56	93	95	39	656	244	146	11	36	9	71	9	251	134	104	55	220	25	27	156	335	57	933	3741	30682	11698
27	84	44	193	10	596	166	634	4	32	563	27	564	2	25	38336	461	48	25	26	61	45	395	132	79	4	55	3	76	2	122	140	62	39	342	15	9	61	92	48	669	1640	45830	7494
28	221	136	630	33	375	427	1100	16	98	1832	91	1062	7	81	105406	1187	156	73	93	231	85	1175	474	208	14	87	15	153	8	391	235	166	102	405	48	30	187	303	100	2370	8036	127854	22449
29	147	93	401	22	278	225	723	10	67	1295	61	785	4	56	323263	816	101	51	55	114	59	792	299	133	9	57	7	99	4	280	168	114	72	263	32	21	130	173	61	1454	3335	335689	12837
30	1043	580	2563	133	3265	1665	9957	62	433	8067	384	6734	28	302	239697	5498	610	323	342	732	529	4779	1929	1104	56	591	42	665	27	2009	1031	740	434	1597	199	133	824	1057	431	13406	20413	329515	90818
31	25	15	70	3	45	40	125	2	11	201	10	145	1	9	178878	141	16	8	8	18	11	126	49	24	—	12	—	16	4	46	27	19	11	41	5	3	20	27	11	286	491	180700	2123
32	36	23	96	5	57	54	179	3	17	329	14	181	—	14	124639	199	23	12	14	10	14	193	70	31	4	12	3	23	1	57	41	28	18	63	8	6	33	47	14	341	819	127948	3309
33	134	38	41	2	22	178	96	2	6	121	6	80	—	5	214330	305	21	4	19	43	6	78	28	18	—	41	—	8	—	27	15	12	7	15	3	2	12	15	11	164	312	216682	1852
34	148	38	169	8	105	186	483	4	26	482	24	444	2	21	79838	814	39	21	20	57	30	295	115	107	4	48	3	57	2	110	63	44	25	78	12	7	50	78	43	681	1095	85859	6021
35	0	0	0	0	0	0	2	0	0	4	0	2	0	0	19971	2	0	0	0	0	0	2	1	0	0	0	0	0	0	0	0	0	0	0	0	0	0	0	0	4	9	14006	35
	4432	2859	12873	665	9055	6819	21840	319	2051	39161	1858	23719	133	1696	1993070	25045	3269	1535	1734	3466	1785	24531	8889	4101	283	1759	195	2851	130	7799	4958	3558	2167	7966	1004	647	3904	5509	1827	42121	109927	2346940	394262
																																								GDP in mn USD			0

附表2 人民币增加值有效汇率测算权重（可贸易行业、不可贸易行业、加总）

可贸易行业		不可贸易行业		加总	
国家	权重	国家	权重	国家	权重
AUS	0.047387	AUS	0.017904	AUS	0.047484
BGR	0.000815	BGR	0.000782	BGR	0.000845
BRA	0.023858	BRA	0.021596	BRA	0.019263
CAN	0.034878	CAN	0.026976	CAN	0.030546
CZE	0.004239	CZE	0.005834	CZE	0.003854
DNK	0.005635	DNK	0.00565	DNK	0.006613
EU	0.234934	EU	0.265525	EU	0.265412
GBR	0.039231	GBR	0.032723	GBR	0.043807
HUN	0.0027	HUN	0.003121	HUN	0.003059
IDN	0.020391	IDN	0.014184	IDN	0.013064
IND	0.031286	IND	0.026883	IND	0.024392
JPN	0.13305	JPN	0.159547	JPN	0.126213
KOR	0.051843	KOR	0.067797	KOR	0.050846
LTU	0.000557	LTU	0.000517	LTU	0.000664
MEX	0.01556	MEX	0.014771	MEX	0.012189
POL	0.008592	POL	0.008708	POL	0.008285
ROM	0.002317	ROM	0.00271	ROM	0.002229
RUS	0.037748	RUS	0.024678	RUS	0.03384
SWE	0.009679	SWE	0.010918	SWE	0.013041
TUR	0.012335	TUR	0.013493	TUR	0.009379
TWN	0.026063	TWN	0.033297	TWN	0.027817
USA	0.256902	USA	0.242385	USA	0.257158

附表3　人民币增加值有效汇率测算权重（分行业）

国家	权重	国家	权重	国家	权重
行业1		行业2		行业3	
AUS	0.04694	AUS	0.255941	AUS	0.045341
BGR	0.001312	BGR	0.00081	BGR	0.000647
BRA	0.077295	BRA	0.049582	BRA	0.029288
CAN	0.042222	CAN	0.112221	CAN	0.050725
CZE	0.003637	CZE	0.001824	CZE	0.004082
DNK	0.004071	DNK	0.006147	DNK	0.009562
EU	0.168701	EU	0.039116	EU	0.206992
GBR	0.02545	GBR	0.033575	GBR	0.041062
HUN	0.002783	HUN	0.000195	HUN	0.001635
IDN	0.047268	IDN	0.096611	IDN	0.052421
IND	0.069292	IND	0.032749	IND	0.024301
JPN	0.09708	JPN	0.006775	JPN	0.158362
KOR	0.036744	KOR	0.003129	KOR	0.039183
LTU	0.000727	LTU	$5.07E-06$	LTU	0.000837
MEX	0.017648	MEX	0.046358	MEX	0.015713
POL	0.01093	POL	0.008082	POL	0.011146
ROM	0.003574	ROM	0.00105	ROM	0.002866
RUS	0.052471	RUS	0.128222	RUS	0.03571
SWE	0.006152	SWE	0.003526	SWE	0.005078
TUR	0.028167	TUR	0.011561	TUR	0.012848
TWN	0.008312	TWN	0.005531	TWN	0.007559
USA	0.249222	USA	0.15699	USA	0.244643

续表

国家	权重	国家	权重	国家	权重
行业 4		行业 5		行业 6	
AUS	0.019014	AUS	0.017812	AUS	0.031428
BGR	0.0031	BGR	0.000856	BGR	0.000998
BRA	0.027367	BRA	0.070729	BRA	0.02577
CAN	0.026426	CAN	0.011909	CAN	0.08522
CZE	0.006793	CZE	0.003576	CZE	0.009866
DNK	0.002563	DNK	0.000351	DNK	0.005421
EU	0.265709	EU	0.468421	EU	0.235557
GBR	0.029628	GBR	0.015052	GBR	0.034076
HUN	0.001946	HUN	0.002912	HUN	0.001911
IDN	0.043293	IDN	0.047033	IDN	0.032599
IND	0.064015	IND	0.048098	IND	0.061588
JPN	0.113766	JPN	0.058659	JPN	0.10825
KOR	0.058289	KOR	0.036329	KOR	0.019256
LTU	0.002363	LTU	0.000384	LTU	0.002213
MEX	0.022127	MEX	0.040155	MEX	0.013804
POL	0.017784	POL	0.013517	POL	0.019248
ROM	0.009612	ROM	0.013242	ROM	0.007777
RUS	0.018261	RUS	0.032316	RUS	0.038348
SWE	0.00303	SWE	0.000587	SWE	0.016671
TUR	0.095772	TUR	0.030471	TUR	0.009165
TWN	0.020722	TWN	0.016538	TWN	0.003479
USA	0.148419	USA	0.071054	USA	0.237356

续表

国家	权重	国家	权重	国家	权重
行业7		行业8		行业9	
AUS	0.028765	AUS	0.012605	AUS	0.013754
BGR	0.000489	BGR	0.001353	BGR	0.00053
BRA	0.031975	BRA	0.028599	BRA	0.023523
CAN	0.055539	CAN	0.014579	CAN	0.021071
CZE	0.004137	CZE	0.000448	CZE	0.002497
DNK	0.004776	DNK	0.000906	DNK	0.00631
EU	0.22957	EU	0.09177	EU	0.263644
GBR	0.042651	GBR	0.01646	GBR	0.035379
HUN	0.001939	HUN	0.004972	HUN	0.002601
IDN	0.022331	IDN	0.063576	IDN	0.017791
IND	0.017608	IND	0.037897	IND	0.034183
JPN	0.137934	JPN	0.2026	JPN	0.141135
KOR	0.043296	KOR	0.045163	KOR	0.067934
LTU	0.000532	LTU	0.001372	LTU	0.000744
MEX	0.012144	MEX	0.011663	MEX	0.013134
POL	0.008552	POL	0.009714	POL	0.006445
ROM	0.001662	ROM	0.003122	ROM	0.001554
RUS	0.028112	RUS	0.108511	RUS	0.026914
SWE	0.019087	SWE	0.00362	SWE	0.012203
TUR	0.009588	TUR	0.007937	TUR	0.01097
TWN	0.01045	TWN	0.041982	TWN	0.053623
USA	0.288865	USA	0.291149	USA	0.244062

续表

国家	权重	国家	权重	国家	权重
行业 10		行业 11		行业 12	
AUS	0.016411	AUS	0.024647	AUS	0.032272
BGR	0.00055	BGR	0.001462	BGR	0.001105
BRA	0.023483	BRA	0.022756	BRA	0.029168
CAN	0.038666	CAN	0.029023	CAN	0.033477
CZE	0.011185	CZE	0.009817	CZE	0.006504
DNK	0.005839	DNK	0.005957	DNK	0.003723
EU	0.254673	EU	0.264142	EU	0.266767
GBR	0.040567	GBR	0.033364	GBR	0.027554
HUN	0.004071	HUN	0.003446	HUN	0.002007
IDN	0.020175	IDN	0.012721	IDN	0.004426
IND	0.021237	IND	0.043257	IND	0.031701
JPN	0.18218	JPN	0.160529	JPN	0.188424
KOR	0.064285	KOR	0.069308	KOR	0.067134
LTU	0.000822	LTU	0.000533	LTU	0.000247
MEX	0.016054	MEX	0.024828	MEX	0.019202
POL	0.013734	POL	0.016905	POL	0.009137
ROM	0.003548	ROM	0.003177	ROM	0.002638
RUS	0.01464	RUS	0.024445	RUS	0.033674
SWE	0.006908	SWE	0.006749	SWE	0.010408
TUR	0.011815	TUR	0.026034	TUR	0.009894
TWN	0.024414	TWN	0.014409	TWN	0.023185
USA	0.224745	USA	0.20249	USA	0.197354

续表

国家	权重	国家	权重	国家	权重
行业 13		行业 14		行业 15	
AUS	0.009531	AUS	0.006372	AUS	0.012837
BGR	0.000568	BGR	0.000405	BGR	0.00018
BRA	0.014222	BRA	0.014409	BRA	0.017063
CAN	0.020138	CAN	0.011116	CAN	0.026062
CZE	0.006133	CZE	0.005271	CZE	0.008021
DNK	0.009887	DNK	0.005712	DNK	0.001242
EU	0.374511	EU	0.22237	EU	0.301692
GBR	0.032255	GBR	0.025206	GBR	0.038981
HUN	0.004745	HUN	0.004307	HUN	0.006917
IDN	0.005448	IDN	0.011665	IDN	0.011885
IND	0.025125	IND	0.016282	IND	0.023309
JPN	0.156149	JPN	0.167204	JPN	0.214867
KOR	0.053737	KOR	0.092378	KOR	0.077551
LTU	0.000184	LTU	0.00029	LTU	0.000299
MEX	0.005815	MEX	0.01257	MEX	0.023722
POL	0.006953	POL	0.005317	POL	0.0083
ROM	0.001946	ROM	0.00234	ROM	0.003505
RUS	0.018401	RUS	0.009718	RUS	0.01212
SWE	0.015102	SWE	0.009607	SWE	0.009181
TUR	0.008163	TUR	0.004641	TUR	0.006327
TWN	0.021587	TWN	0.050697	TWN	0.006694
USA	0.209399	USA	0.322126	USA	0.189246

续表

国家	权重	国家	权重	国家	权重
行业 16		行业 17		行业 18	
AUS	0.020722	AUS	0.039111	AUS	0.110745
BGR	0.000928	BGR	0.001448	BGR	0.001603
BRA	0.011092	BRA	0.028574	BRA	0.016782
CAN	0.053428	CAN	0.037599	CAN	0.014712
CZE	0.006434	CZE	0.006944	CZE	0.007649
DNK	0.006837	DNK	0.004699	DNK	0.009189
EU	0.249637	EU	0.245724	EU	0.4294
GBR	0.045692	GBR	0.037387	GBR	0.022418
HUN	0.001569	HUN	0.003085	HUN	0.007953
IDN	0.018071	IDN	0.011081	IDN	0.010485
IND	0.068634	IND	0.034709	IND	0.020841
JPN	0.05158	JPN	0.139344	JPN	0.131264
KOR	0.020429	KOR	0.045889	KOR	0.016488
LTU	0.001727	LTU	0.000692	LTU	0.000431
MEX	0.026047	MEX	0.014758	MEX	0.002498
POL	0.014307	POL	0.011621	POL	0.042006
ROM	0.003181	ROM	0.002722	ROM	0.002399
RUS	0.010662	RUS	0.047295	RUS	0.013306
SWE	0.00697	SWE	0.009514	SWE	0.017638
TUR	0.013312	TUR	0.015231	TUR	0.002993
TWN	0.01066	TWN	0.013348	TWN	0.017438
USA	0.358081	USA	0.249223	USA	0.101762

续表

国家	权重	国家	权重	国家	权重
行业 20		行业 21		行业 22	
AUS	0.022641	AUS	0.047963	AUS	0.090613
BGR	0.000724	BGR	0.000589	BGR	0.00061
BRA	0.016809	BRA	0.03788	BRA	0.012547
CAN	0.030353	CAN	0.043271	CAN	0.085831
CZE	0.004306	CZE	0.003892	CZE	0.005195
DNK	0.00807	DNK	0.005356	DNK	0.004002
EU	0.231924	EU	0.224326	EU	0.196176
GBR	0.026846	GBR	0.037801	GBR	0.075525
HUN	0.003023	HUN	0.00317	HUN	0.001883
IDN	0.012833	IDN	0.01487	IDN	0.034265
IND	0.024422	IND	0.036029	IND	0.034867
JPN	0.16805	JPN	0.071452	JPN	0.160955
KOR	0.033557	KOR	0.118095	KOR	0.042102
LTU	0.000885	LTU	0.001024	LTU	0.00032
MEX	0.018556	MEX	0.023165	MEX	0.009989
POL	0.009964	POL	0.011282	POL	0.00548
ROM	0.00299	ROM	0.002404	ROM	0.002114
RUS	0.063092	RUS	0.044944	RUS	0.017032
SWE	0.01049	SWE	0.011621	SWE	0.006398
TUR	0.009679	TUR	0.010267	TUR	0.008151
TWN	0.043134	TWN	0.082655	TWN	0.012888
USA	0.257653	USA	0.167943	USA	0.193056

续表

国家	权重	国家	权重	国家	权重
行业 23		行业 24		行业 25	
AUS	0.043017	AUS	0.014645	AUS	0.093954
BGR	0.001478	BGR	0.001563	BGR	0.000408
BRA	0.023797	BRA	0.012629	BRA	0.00708
CAN	0.041732	CAN	0.018126	CAN	0.027193
CZE	0.006636	CZE	0.00012	CZE	0.002283
DNK	0.007252	DNK	0.023304	DNK	0.002161
EU	0.219159	EU	0.322223	EU	0.189255
GBR	0.031756	GBR	0.045692	GBR	0.057567
HUN	0.003332	HUN	0.000182	HUN	0.000232
IDN	0.02077	IDN	0.018962	IDN	0.01969
IND	0.042642	IND	0.0149	IND	0.00621
JPN	0.131405	JPN	0.244207	JPN	0.137338
KOR	0.042083	KOR	0.086785	KOR	0.078444
LTU	0.001761	LTU	0.000957	LTU	$8.31E-05$
MEX	0.018695	MEX	0.005733	MEX	0.004731
POL	0.013098	POL	0.002276	POL	0.001767
ROM	0.004753	ROM	0.000782	ROM	0.001275
RUS	0.089076	RUS	0.01263	RUS	0.010861
SWE	0.0099	SWE	0.01089	SWE	0.003979
TUR	0.02092	TUR	0.031287	TUR	0.006027
TWN	0.012491	TWN	0.016272	TWN	0.007364
USA	0.214248	USA	0.115834	USA	0.342097

续表

国家	权重	国家	权重	国家	权重
行业26		行业27		行业28	
AUS	0.044167	AUS	0.073174	AUS	0.048074
BGR	0.000894	BGR	0.001816	BGR	0.001027
BRA	0.020389	BRA	0.021216	BRA	0.022546
CAN	0.019025	CAN	0.022755	CAN	0.02761
CZE	0.00552	CZE	0.00498	CZE	0.003525
DNK	0.01106	DNK	0.008279	DNK	0.005124
EU	0.350182	EU	0.276354	EU	0.211546
GBR	0.043141	GBR	0.045794	GBR	0.059962
HUN	0.00413	HUN	0.003685	HUN	0.002306
IDN	0.009523	IDN	0.024886	IDN	0.011277
IND	0.011245	IND	0.028726	IND	0.031816
JPN	0.13001	JPN	0.110089	JPN	0.12649
KOR	0.047832	KOR	0.055161	KOR	0.050368
LTU	0.001959	LTU	0.001535	LTU	0.000352
MEX	0.007694	MEX	0.011904	MEX	0.014111
POL	0.005574	POL	0.009552	POL	0.006911
ROM	0.002608	ROM	0.006076	ROM	0.001514
RUS	0.033241	RUS	0.036878	RUS	0.02359
SWE	0.015923	SWE	0.011573	SWE	0.006683
TUR	0.01181	TUR	0.00825	TUR	0.010994
TWN	0.018864	TWN	0.013715	TWN	0.03116
USA	0.20521	USA	0.2236	USA	0.30301

续表

国家	权重	国家	权重	国家	权重
行业 29		行业 30		行业 31	
AUS	0.065603	AUS	0.034972	AUS	0.016791
BGR	0.000964	BGR	0.000255	BGR	0.001316
BRA	0.027857	BRA	0.013142	BRA	0.00807
CAN	0.034844	CAN	0.018178	CAN	0.011873
CZE	0.003654	CZE	0.002746	CZE	0.001475
DNK	0.005983	DNK	0.005429	DNK	0.003338
EU	0.28602	EU	0.311684	EU	0.146866
GBR	0.033217	GBR	0.049925	GBR	0.013562
HUN	0.003318	HUN	0.002847	HUN	0.003073
IDN	0.0115	IDN	0.002951	IDN	0.002048
IND	0.017918	IND	0.015219	IND	0.002154
JPN	0.106199	JPN	0.100653	JPN	0.054794
KOR	0.045452	KOR	0.038742	KOR	0.105082
LTU	0.000506	LTU	0.000286	LTU	0.000664
MEX	0.011637	MEX	0.007806	MEX	0.001272
POL	0.007019	POL	0.005313	POL	0.002849
ROM	0.001558	ROM	0.001318	ROM	0.000156
RUS	0.026895	RUS	0.016431	RUS	0.047003
SWE	0.012178	SWE	0.021215	SWE	0.010389
TUR	0.01039	TUR	0.004814	TUR	0.001526
TWN	0.069022	TWN	0.009304	TWN	0.019892
USA	0.218266	USA	0.336768	USA	0.545806

续表

国家	权重	国家	权重	国家	权重
行业 32		行业 33		行业 34	
AUS	0.155067	AUS	0.075661	AUS	0.04491
BGR	0.000556	BGR	0.000918	BGR	0.000614
BRA	0.009906	BRA	0.018416	BRA	0.030558
CAN	0.023686	CAN	0.039131	CAN	0.035186
CZE	0.003431	CZE	0.004973	CZE	0.00352
DNK	0.003914	DNK	0.006329	DNK	0.007647
EU	0.378549	EU	0.22391	EU	0.284519
GBR	0.060432	GBR	0.060505	GBR	0.064489
HUN	0.003665	HUN	0.002741	HUN	0.003973
IDN	0.012939	IDN	0.0142	IDN	0.015041
IND	0.017253	IND	0.029924	IND	0.027297
JPN	0.081032	JPN	0.129271	JPN	0.135768
KOR	0.039899	KOR	0.055578	KOR	0.041432
LTU	0.000423	LTU	0.00043	LTU	0.000416
MEX	0.008386	MEX	0.015432	MEX	0.006984
POL	0.006103	POL	0.009648	POL	0.008475
ROM	0.001197	ROM	0.002184	ROM	0.001858
RUS	0.015384	RUS	0.025665	RUS	0.016632
SWE	0.011656	SWE	0.015202	SWE	0.011296
TUR	0.00728	TUR	0.011506	TUR	0.006754
TWN	0.009279	TWN	0.02405	TWN	0.010414
USA	0.149963	USA	0.234324	USA	0.242217

附表 4 人民币增加值有效汇率数据（加总、可贸易品、不可贸易品，1999 年 1 月—2016 年 12 月）

	加总	可贸易品	不可贸易品		加总	可贸易品	不可贸易品
1999 年 1 月	86.56	86.71	87.34	2001 年 7 月	101.93	102.38	102.91
1999 年 2 月	88.51	88.80	89.25	2001 年 8 月	99.87	100.28	100.81
1999 年 3 月	89.93	90.36	90.73	2001 年 9 月	99.92	100.08	100.74
1999 年 4 月	90.08	90.59	90.99	2001 年 10 月	100.81	101.00	101.54
1999 年 5 月	90.04	90.75	91.01	2001 年 11 月	101.12	101.40	101.93
1999 年 6 月	90.45	91.18	91.53	2001 年 12 月	101.33	101.73	102.17
1999 年 7 月	90.39	91.14	91.51	2002 年 1 月	102.28	102.82	103.12
1999 年 8 月	89.64	90.08	90.61	2002 年 2 月	102.91	103.49	103.80
1999 年 9 月	89.45	89.72	90.38	2002 年 3 月	102.19	102.78	103.09
1999 年 10 月	88.85	89.10	89.75	2002 年 4 月	101.56	102.18	102.46
1999 年 11 月	89.51	89.77	90.58	2002 年 5 月	99.93	100.36	100.69
1999 年 12 月	89.66	89.87	90.79	2002 年 6 月	98.33	98.61	98.90
2000 年 1 月	89.81	90.09	90.89	2002 年 7 月	96.91	96.80	97.28
2000 年 2 月	91.37	91.66	92.52	2002 年 8 月	97.88	97.80	98.28
2000 年 3 月	91.54	91.73	92.78	2002 年 9 月	98.27	98.26	98.60
2000 年 4 月	92.20	92.33	93.47	2002 年 10 月	99.02	99.09	99.25
2000 年 5 月	94.28	94.47	95.63	2002 年 11 月	97.77	97.76	97.98
2000 年 6 月	92.83	92.88	93.99	2002 年 12 月	97.23	97.19	97.39
2000 年 7 月	93.43	93.51	94.60	2003 年 1 月	95.43	95.29	95.47
2000 年 8 月	94.34	94.55	95.69	2003 年 2 月	95.14	95.05	95.12
2000 年 9 月	95.75	95.89	97.24	2003 年 3 月	95.12	95.12	95.12
2000 年 10 月	97.02	97.13	98.52	2003 年 4 月	94.61	94.71	94.67
2000 年 11 月	97.58	97.64	99.02	2003 年 5 月	91.74	91.80	91.72
2000 年 12 月	96.68	96.90	97.91	2003 年 6 月	91.12	91.30	91.10
2001 年 1 月	96.21	96.49	97.26	2003 年 7 月	91.90	92.11	91.97
2001 年 2 月	97.03	97.18	98.11	2003 年 8 月	92.65	92.84	92.75
2001 年 3 月	99.05	99.21	100.03	2003 年 9 月	91.67	91.80	91.77
2001 年 4 月	100.49	100.76	101.39	2003 年 10 月	89.69	89.77	89.69
2001 年 5 月	100.55	100.88	101.52	2003 年 11 月	89.64	89.84	89.62
2001 年 6 月	101.59	102.03	102.65	2003 年 12 月	88.04	88.18	87.88

续表

	加总	可贸易品	不可贸易品		加总	可贸易品	不可贸易品
2004年1月	86.60	86.78	86.40	2006年9月	89.06	89.28	88.91
2004年2月	86.55	86.74	86.33	2006年10月	89.76	90.03	89.63
2004年3月	87.65	87.85	87.51	2006年11月	89.18	89.40	89.00
2004年4月	88.12	88.32	88.06	2006年12月	88.74	88.93	88.49
2004年5月	89.53	89.64	89.32	2007年1月	90.02	90.32	89.79
2004年6月	88.89	88.85	88.63	2007年2月	90.22	90.52	89.99
2004年7月	88.30	88.35	88.06	2007年3月	89.73	89.98	89.48
2004年8月	88.64	88.69	88.40	2007年4月	88.86	89.24	88.61
2004年9月	88.46	88.48	88.24	2007年5月	89.23	89.70	89.04
2004年10月	87.33	87.39	87.08	2007年6月	89.91	90.50	89.74
2004年11月	85.07	85.04	84.77	2007年7月	89.42	90.01	89.21
2004年12月	83.78	83.60	83.41	2007年8月	89.78	90.17	89.56
2005年1月	84.16	84.00	83.89	2007年9月	89.32	89.69	89.09
2005年2月	84.25	84.16	84.01	2007年10月	88.12	88.66	87.91
2005年3月	83.86	83.73	83.56	2007年11月	87.73	88.09	87.45
2005年4月	84.67	84.59	84.41	2007年12月	89.12	89.44	88.86
2005年5月	85.04	84.96	84.87	2008年1月	90.01	90.22	89.74
2005年6月	86.38	86.45	86.33	2008年2月	90.53	90.81	90.27
2005年7月	87.77	87.91	87.76	2008年3月	89.69	89.78	89.30
2005年8月	88.22	88.31	88.14	2008年4月	90.43	90.56	89.98
2005年9月	88.47	88.64	88.40	2008年5月	91.52	91.82	91.08
2005年10月	89.61	89.90	89.59	2008年6月	92.72	93.07	92.26
2005年11月	90.71	91.04	90.74	2008年7月	92.89	93.23	92.42
2005年12月	90.42	90.74	90.44	2008年8月	95.41	95.70	95.08
2006年1月	89.05	89.24	89.06	2008年9月	98.25	98.39	97.93
2006年2月	89.65	89.92	89.75	2008年10月	103.37	103.08	103.02
2006年3月	89.77	89.97	89.85	2008年11月	106.02	105.52	105.68
2006年4月	89.20	89.37	89.22	2008年12月	103.39	102.50	102.92
2006年5月	87.26	87.34	87.16	2009年1月	104.60	103.61	104.17
2006年6月	88.54	88.62	88.36	2009年2月	107.66	106.63	107.18
2006年7月	88.58	88.74	88.42	2009年3月	107.93	107.07	107.33
2006年8月	88.27	88.48	88.10	2009年4月	105.87	105.23	105.37

续表

	加总	可贸易品	不可贸易品		加总	可贸易品	不可贸易品
2009年5月	102.92	102.40	102.46	2012年1月	106.09	106.08	106.06
2009年6月	101.19	100.87	100.70	2012年2月	104.88	105.01	104.84
2009年7月	100.71	100.29	100.22	2012年3月	105.68	105.90	105.58
2009年8月	99.72	99.41	99.24	2012年4月	106.02	106.15	105.89
2009年9月	98.36	97.96	97.85	2012年5月	107.22	107.20	107.08
2009年10月	96.86	96.60	96.43	2012年6月	107.89	107.79	107.74
2009年11月	96.27	96.02	95.83	2012年7月	107.72	107.79	107.68
2009年12月	97.23	96.97	96.85	2012年8月	107.17	107.27	107.10
2010年1月	97.65	97.50	97.36	2012年9月	106.33	106.28	106.15
2010年2月	99.17	99.01	98.99	2012年10月	107.14	107.05	106.95
2010年3月	98.95	98.94	98.87	2012年11月	108.44	108.41	108.23
2010年4月	99.06	99.23	99.05	2012年12月	108.02	108.05	107.71
2010年5月	101.95	102.08	102.10	2013年1月	108.53	108.70	108.15
2010年6月	103.16	103.33	103.38	2013年2月	109.21	109.46	108.81
2010年7月	101.53	101.55	101.62	2013年3月	111.05	111.45	110.72
2010年8月	100.33	100.33	100.42	2013年4月	111.92	112.42	111.54
2010年9月	100.08	100.08	100.14	2013年5月	113.64	114.08	113.22
2010年10月	98.24	98.08	98.19	2013年6月	113.86	113.91	113.26
2010年11月	99.14	99.05	99.11	2013年7月	115.01	114.97	114.37
2010年12月	100.35	100.42	100.40	2013年8月	114.84	114.55	114.02
2011年1月	100.28	100.29	100.30	2013年9月	114.59	114.36	113.68
2011年2月	99.71	99.74	99.66	2013年10月	113.43	113.17	112.51
2011年3月	98.83	98.82	98.75	2013年11月	114.86	114.58	113.88
2011年4月	97.96	98.03	97.83	2013年12月	115.60	115.19	114.47
2011年5月	98.38	98.43	98.27	2014年1月	116.84	116.40	115.65
2011年6月	98.57	98.56	98.46	2014年2月	116.08	115.56	114.88
2011年7月	98.58	98.61	98.54	2014年3月	113.84	113.35	112.67
2011年8月	99.59	99.41	99.46	2014年4月	112.30	111.90	111.21
2011年9月	102.43	102.21	102.30	2014年5月	111.76	111.37	110.73
2011年10月	103.35	103.10	103.16	2014年6月	112.21	111.87	111.18
2011年11月	104.20	103.98	104.00	2014年7月	112.82	112.52	111.82
2011年12月	105.66	105.52	105.51	2014年8月	114.90	114.57	113.88

续表

	加总	可贸易品	不可贸易品		加总	可贸易品	不可贸易品
2014年9月	117.63	117.36	116.63	2015年11月	130.43	129.35	129.02
2014年10月	119.58	119.17	118.53	2015年12月	128.85	127.60	127.30
2014年11月	122.47	122.15	121.32	2016年1月	127.68	126.06	126.06
2014年12月	123.77	123.07	122.46	2016年2月	126.69	124.99	125.06
2015年1月	126.06	125.22	124.93	2016年3月	125.57	124.17	124.12
2015年2月	127.11	126.15	125.94	2016年4月	123.98	122.56	122.57
2015年3月	129.71	129.01	128.63	2016年5月	123.58	122.06	122.14
2015年4月	129.29	128.77	128.32	2016年6月	121.99	120.43	120.65
2015年5月	127.93	127.48	126.80	2016年7月	120.67	119.16	119.52
2015年6月	128.98	128.40	127.71	2016年8月	119.95	118.28	118.79
2015年7月	130.65	129.91	129.37	2016年9月	119.70	118.02	118.51
2015年8月	129.23	128.17	127.71	2016年10月	119.81	118.32	118.74
2015年9月	129.08	127.67	127.39	2016年11月	120.09	118.76	118.94
2015年10月	128.41	127.16	126.85	2016年12月	120.78	119.76	119.63

附表 5 人民币增加值有效汇率数据（分行业，1999 年 1 月—2016 年 12 月）

行业 年月	1	2	3	4	5	6	7	8	9	10	11	12	13	14	15	16	17	18	20	21	22	23	24	25	26	27	28	29	30	31	32	33	34
1999年1月	81.62	86.96	86.98	74.73	81.48	87.30	87.41	82.97	86.15	88.03	85.23	88.15	88.72	87.35	89.30	85.09	86.08	93.54	86.21	85.41	90.95	83.80	87.13	89.29	87.88	87.38	86.46	88.04	87.79	84.22	91.93	87.96	88.46
1999年2月	84.40	88.54	89.08	77.00	84.93	89.30	89.48	85.00	88.20	90.25	87.41	90.45	90.96	89.12	91.53	86.49	88.21	96.14	88.16	87.53	92.52	85.87	89.48	90.58	90.13	89.38	88.77	90.11	89.52	85.28	93.74	89.73	90.65
1999年3月	85.55	89.52	90.49	78.86	86.71	90.74	90.85	86.26	89.70	91.86	89.00	92.08	92.75	90.57	93.26	87.57	89.49	96.26	89.63	89.06	93.99	87.36	91.47	91.90	91.86	90.95	89.49	91.66	90.92	86.28	95.51	91.18	92.13
1999年4月	85.17	88.80	90.45	79.08	86.78	90.89	90.88	86.43	89.89	91.99	89.26	92.25	93.29	90.69	93.52	87.81	89.89	98.79	90.16	88.93	93.94	87.80	91.95	91.91	92.32	91.18	89.60	91.77	91.48	86.48	95.82	91.30	92.26
1999年5月	84.87	87.14	89.21	79.27	86.76	89.86	89.86	85.79	89.00	92.13	89.45	92.45	93.64	90.88	93.82	87.77	89.97	99.78	90.16	88.68	93.91	87.73	92.38	91.73	92.48	91.04	89.99	91.70	91.31	86.43	95.55	91.20	92.30
1999年6月	85.29	87.10	89.38	79.26	87.82	91.21	91.29	85.79	90.39	92.51	89.98	92.98	94.99	91.07	94.28	88.38	90.52	99.86	90.53	89.05	93.91	88.16	92.25	91.92	93.24	91.56	89.04	92.33	92.18	86.52	96.50	91.68	92.95
1999年7月	85.21	86.66	89.08	79.56	87.71	91.09	91.23	85.31	90.33	92.40	89.98	92.98	94.37	91.00	94.18	88.38	90.90	99.70	90.41	89.17	93.79	88.11	92.79	91.89	93.26	91.48	89.06	91.50	92.23	86.65	96.53	91.68	92.95
1999年8月	85.29	88.07	89.55	79.56	87.32	90.54	90.45	84.86	89.38	91.28	88.99	91.77	92.90	89.90	92.08	87.85	89.69	99.40	89.39	88.78	93.01	87.52	91.16	91.16	92.00	91.48	89.26	91.50	91.16	86.27	95.65	90.87	91.96
1999年9月	85.62	89.20	89.50	79.99	88.13	90.61	90.20	84.96	89.13	90.81	88.69	91.16	92.55	89.37	91.98	88.01	89.45	99.81	89.30	88.84	91.71	87.53	90.48	90.73	91.90	90.79	88.92	91.33	90.95	86.26	95.61	90.55	91.65
1999年10月	85.22	88.68	89.68	79.49	87.30	89.92	89.58	84.34	88.50	90.12	88.15	90.64	91.71	88.80	91.24	87.42	88.94	97.25	88.89	88.44	91.22	87.05	89.59	90.07	91.12	90.04	88.39	90.72	89.26	86.01	94.65	89.89	90.91
1999年11月	85.53	88.62	88.03	80.38	88.53	90.60	90.16	84.84	88.13	90.71	88.91	91.34	92.83	89.19	91.91	88.22	89.73	99.01	89.18	88.99	92.22	87.82	90.42	90.55	92.31	90.93	89.04	91.64	91.33	86.36	96.18	90.69	91.79
1999年12月	85.61	88.92	88.17	81.00	89.26	90.94	90.28	84.88	89.23	90.74	89.05	91.38	93.21	89.05	91.91	88.66	89.90	99.55	89.36	88.92	92.31	88.11	90.58	90.49	92.72	91.20	89.11	91.87	91.68	86.28	96.73	90.81	91.98
2000年1月	85.78	88.77	88.43	81.36	89.36	91.07	90.42	84.88	89.38	92.60	89.32	91.61	93.42	89.23	92.25	88.60	90.14	99.43	89.74	88.77	92.29	88.54	91.05	90.48	92.86	91.17	89.15	91.76	91.71	86.39	96.42	90.81	92.01
2000年2月	87.01	90.46	91.05	82.90	91.12	92.56	91.91	85.75	90.85	92.60	90.96	93.33	95.31	90.56	94.11	89.78	91.74	101.97	91.33	89.03	94.14	89.16	91.05	92.08	94.78	91.27	89.60	93.40	91.30	87.19	98.77	92.49	93.73
2000年3月	87.10	91.13	91.14	83.28	91.76	92.83	92.03	86.75	91.50	93.62	91.06	95.32	95.61	90.46	94.08	89.20	91.89	102.77	91.32	89.21	94.42	89.00	95.23	92.31	95.22	93.04	90.77	93.73	93.71	87.22	99.78	92.78	94.04
2000年4月	87.87	92.36	91.89	94.20	93.13	93.66	92.67	86.15	93.57	94.62	93.94	94.36	96.39	90.86	94.71	90.91	92.57	104.15	91.88	90.83	95.13	91.00	93.91	92.87	96.08	93.44	91.32	94.54	93.74	87.49	100.98	93.46	94.78
2000年5月	89.84	94.49	94.15	86.55	93.15	95.92	94.77	87.68	93.57	95.57	94.01	96.28	98.92	92.67	97.15	92.83	94.06	107.99	93.81	92.82	97.98	91.00	96.06	94.81	96.98	96.65	93.27	96.81	94.56	88.47	104.00	95.68	97.20
2000年6月	88.91	93.87	92.86	85.34	94.10	94.49	95.30	87.08	92.09	95.28	92.43	94.41	96.69	91.32	95.28	91.63	93.11	104.53	92.35	91.53	96.01	91.63	94.51	94.45	96.46	94.95	91.95	95.03	94.72	87.61	101.47	94.14	95.41
2000年7月	89.44	94.43	93.63	86.09	94.86	95.11	93.91	87.87	92.71	94.69	93.01	95.14	97.47	91.89	96.00	92.03	93.56	105.54	92.90	91.93	96.90	92.12	95.50	94.10	97.20	95.64	92.47	95.67	95.32	87.82	102.36	94.75	96.10
2000年8月	89.99	94.18	94.17	87.09	95.40	96.05	94.78	87.69	93.71	95.99	94.11	96.14	99.03	92.72	97.16	93.06	94.08	107.55	93.86	92.86	99.67	92.99	96.78	94.82	98.67	96.74	93.37	96.88	96.64	88.37	104.08	95.76	97.30
2000年9月	91.27	96.17	95.52	88.67	98.81	97.55	96.12	88.20	95.03	96.94	95.55	97.51	100.80	93.73	98.99	94.30	96.11	110.39	94.98	94.34	99.27	94.97	98.35	96.26	100.61	98.56	94.72	98.35	98.33	89.11	106.87	97.38	99.01

续表

年月	1	2	3	4	5	6	7	8	9	10	11	12	13	14	15	16	17	18	20	21	22	23	24	25	26	27	28	29	30	31	32	33	34
2000年10月	92.55	98.20	96.84	90.05	100.60	98.90	97.32	89.22	96.24	98.21	96.85	98.86	102.86	94.79	99.92	95.53	97.35	112.56	96.16	95.73	100.73	95.62	99.79	97.40	102.04	100.00	95.83	100.10	99.47	89.75	108.81	98.73	100.30
2000年11月	93.35	99.44	97.54	90.69	101.22	99.49	97.89	89.92	96.80	98.76	97.34	99.37	102.51	95.29	100.39	95.92	97.84	112.88	96.60	96.53	101.53	96.15	100.36	97.99	102.47	100.57	96.36	100.69	99.79	90.10	109.35	99.34	100.85
2000年12月	92.68	97.95	96.77	89.79	99.16	98.23	96.98	90.24	96.10	98.04	96.48	98.61	101.69	95.04	99.69	94.88	96.85	109.99	95.89	95.93	100.47	95.25	99.88	97.25	100.87	99.23	95.54	99.41	98.30	89.92	106.73	98.24	99.52
2001年1月	92.32	97.48	96.46	89.16	97.53	97.43	96.51	89.76	95.64	97.69	96.07	98.31	100.99	94.97	99.33	93.62	96.34	108.00	95.55	95.49	100.06	94.85	99.29	97.07	99.83	98.47	95.11	98.47	97.34	89.89	106.10	97.71	98.73
2001年2月	93.34	99.20	97.33	90.58	98.96	98.36	97.30	91.16	96.36	98.39	96.90	99.05	100.95	95.34	100.00	94.41	97.20	109.48	96.21	96.17	101.09	95.77	100.24	97.16	100.89	99.47	95.86	99.42	98.20	90.15	106.70	98.65	99.68
2001年3月	95.77	102.22	99.62	94.48	101.51	100.23	99.26	93.06	98.16	100.52	99.27	101.21	102.42	97.01	102.14	95.78	99.25	111.92	98.03	98.14	103.54	97.93	101.77	99.91	103.01	99.47	97.69	101.49	99.73	91.00	109.24	100.80	101.65
2001年4月	97.72	103.69	101.30	97.84	103.98	101.59	100.66	94.56	99.66	102.11	101.01	102.69	104.42	98.29	103.67	95.86	100.71	113.48	99.33	99.63	104.99	99.51	101.69	101.14	104.62	103.03	98.96	102.13	100.86	91.91	110.74	102.18	103.07
2001年5月	97.90	103.06	101.35	97.58	104.88	101.84	100.82	94.55	99.88	102.19	101.19	102.74	104.04	98.33	103.74	96.86	100.80	113.48	99.44	99.70	104.74	99.53	105.65	101.82	104.95	103.16	98.97	103.13	101.18	91.85	110.77	102.09	103.32
2001年6月	98.94	103.55	102.28	99.20	106.78	102.78	100.82	95.20	101.08	103.08	103.88	103.88	104.91	99.29	104.85	97.11	101.87	115.50	100.49	100.88	105.62	100.09	105.72	101.16	106.37	104.53	99.97	104.34	102.34	92.37	112.24	103.14	104.51
2001年7月	99.53	104.10	102.57	100.11	107.02	103.02	102.11	92.11	101.37	103.65	102.70	104.35	104.91	99.59	105.16	98.00	102.27	115.85	100.85	101.34	105.94	100.99	107.62	101.87	106.55	102.02	100.30	104.49	102.39	92.51	112.39	103.52	104.73
2001年8月	97.65	101.30	100.00	98.17	103.82	100.87	100.07	93.52	99.10	101.40	100.69	102.30	103.32	97.69	102.47	96.40	100.39	112.47	98.97	99.49	103.45	99.12	104.81	99.79	104.08	102.15	98.53	102.65	100.33	91.48	109.27	101.44	102.43
2001年9月	98.43	103.42	100.16	98.66	104.24	101.08	100.11	93.99	99.10	101.16	100.62	102.13	104.20	97.36	102.24	96.49	100.40	112.33	98.77	99.84	103.62	99.97	104.27	99.82	104.79	103.43	98.51	102.74	100.08	91.44	109.50	101.55	102.32
2001年10月	99.66	104.57	101.37	100.42	105.63	101.98	100.11	94.80	99.99	102.16	101.11	103.04	104.20	98.14	103.25	97.11	101.26	113.13	99.60	100.58	104.68	100.54	105.72	100.61	104.67	103.16	99.28	103.52	100.70	91.78	110.28	102.37	103.21
2001年11月	99.50	104.27	101.81	100.44	106.01	102.51	101.36	95.17	100.38	102.61	101.92	103.35	104.91	98.48	103.81	97.56	101.56	113.78	100.05	100.59	105.13	100.54	106.33	101.83	105.23	103.43	99.51	103.80	101.21	91.90	110.71	102.62	103.63
2001年12月	99.02	103.67	101.96	100.03	105.28	102.45	101.49	95.64	100.65	102.97	102.15	103.80	105.29	98.98	104.41	97.41	101.74	113.98	100.50	101.53	105.48	100.71	107.03	101.18	105.45	103.57	99.73	103.91	101.40	92.10	110.84	102.87	103.78
2002年1月	99.74	104.04	103.02	100.50	106.11	103.38	102.45	96.84	101.17	104.17	103.19	105.06	106.47	100.10	105.16	97.99	101.87	115.11	101.60	101.44	106.60	101.65	106.48	102.18	106.46	104.48	100.60	104.31	101.82	92.68	111.64	103.07	104.79
2002年2月	100.29	104.43	103.58	100.99	107.03	104.02	103.06	95.45	102.08	104.84	103.87	105.81	107.33	100.66	106.57	98.51	102.08	116.19	102.25	102.09	107.19	102.12	108.35	101.95	107.30	105.22	101.19	105.53	102.27	93.05	112.57	104.44	105.54
2002年3月	99.47	103.25	102.70	100.33	106.13	103.27	102.65	96.57	101.68	104.04	103.14	105.06	106.58	100.04	105.73	98.03	102.08	115.14	101.58	101.58	106.25	101.65	108.35	101.30	106.51	104.42	100.54	104.56	101.69	92.80	111.55	103.66	104.73
2002年4月	98.77	102.19	101.94	99.39	105.16	102.29	101.69	96.51	99.35	103.37	102.48	105.06	105.83	99.57	105.00	97.49	101.69	114.06	101.07	100.85	105.44	101.04	107.56	101.04	105.77	103.66	99.97	104.06	101.69	92.52	110.53	102.98	104.03
2002年5月	97.95	101.21	100.26	98.24	103.59	101.06	100.11	94.80	99.15	101.46	100.77	102.52	103.66	97.77	102.88	96.29	100.51	111.34	99.46	99.22	103.41	99.99	105.02	99.45	103.67	101.78	98.47	102.25	99.69	91.38	108.05	102.21	102.20
2002年6月	97.36	100.19	98.69	97.39	101.98	99.50	98.59	93.72	97.64	99.64	99.17	100.74	101.35	96.04	100.74	94.97	99.01	108.36	97.88	97.64	101.43	98.21	102.69	97.63	101.49	99.84	97.01	100.40	98.06	90.26	105.31	99.43	100.36

续表

行业 年月	1	2	3	4	5	6	7	8	9	10	11	12	13	14	15	16	17	18	20	21	22	23	24	25	26	27	28	29	30	31	32	33	34
2002年7月	97.13	101.40	97.48	96.64	100.68	98.32	97.21	92.77	95.89	97.76	97.49	98.86	98.98	94.16	98.38	93.82	97.57	106.23	96.25	96.32	99.94	97.01	100.13	96.19	99.47	98.30	95.57	98.87	96.26	89.23	103.52	97.94	98.63
2002年8月	98.17	102.61	98.43	97.51	102.05	99.29	98.20	93.44	96.86	98.81	98.50	99.97	100.06	95.04	99.45	94.56	98.57	107.70	97.16	97.52	101.02	97.93	101.24	97.10	100.61	99.37	96.50	100.05	97.19	89.79	104.88	98.99	99.72
2002年9月	98.90	102.91	98.89	97.96	102.72	99.58	98.62	94.09	97.35	99.30	98.95	100.54	100.38	95.53	99.49	94.67	98.98	107.81	97.61	98.11	101.27	98.31	101.76	97.30	100.89	99.62	96.85	100.48	97.33	90.01	104.84	99.27	100.06
2002年10月	100.24	103.66	99.78	98.79	103.95	100.23	99.46	95.14	98.17	100.21	99.79	101.50	101.04	96.33	100.84	94.98	99.76	108.31	98.32	99.08	101.93	99.03	102.73	97.57	101.56	100.27	97.53	101.22	97.77	90.44	105.17	99.91	100.84
2002年11月	98.88	102.57	98.52	97.30	102.15	99.04	98.21	94.17	96.86	98.82	98.37	100.05	99.57	95.14	99.36	94.06	98.47	106.36	97.17	97.18	100.64	97.30	101.04	96.34	100.08	98.92	96.37	99.83	96.58	89.40	103.54	98.61	99.44
2002年12月	98.43	102.15	97.97	96.58	101.19	98.42	97.66	93.91	96.33	98.24	97.78	99.51	98.81	94.70	98.74	93.47	97.93	105.39	96.69	97.06	100.06	97.30	100.30	96.24	99.33	98.27	95.89	99.21	95.93	89.40	102.67	98.06	98.79
2003年1月	96.82	100.70	96.20	95.16	98.72	96.64	97.30	92.70	94.48	96.27	95.91	97.42	98.11	93.01	96.56	92.08	97.08	102.35	94.99	95.30	98.09	95.63	97.92	94.48	97.02	96.20	94.21	97.14	94.00	89.31	99.97	96.14	98.66
2003年2月	96.75	100.16	95.94	94.76	98.36	96.20	95.84	92.75	94.27	96.06	95.91	97.18	96.03	92.91	96.34	91.70	95.78	101.55	94.73	95.16	97.63	95.29	97.55	94.15	96.53	95.81	93.98	96.66	93.57	88.19	99.15	95.79	96.31
2003年3月	96.49	99.47	95.83	94.99	98.21	96.00	95.47	92.66	94.36	95.69	95.77	97.16	96.09	93.11	96.45	91.68	95.71	101.48	94.64	94.98	97.50	95.21	97.75	94.28	96.54	95.81	94.01	96.66	93.61	88.45	99.11	95.81	96.27
2003年4月	95.33	98.05	95.26	94.23	96.95	95.57	94.91	92.26	93.95	95.69	95.26	96.65	95.74	92.88	96.10	91.23	95.16	100.88	94.28	94.68	97.08	94.63	97.47	94.01	96.06	95.27	93.58	96.38	93.26	88.22	98.53	95.34	95.73
2003年5月	92.41	94.54	92.28	91.63	92.64	92.26	92.02	90.31	92.65	92.65	92.19	93.04	92.40	90.51	92.92	88.63	92.20	96.44	94.28	91.60	93.85	91.89	93.88	91.77	92.60	92.17	90.96	92.19	90.41	86.69	94.44	92.29	92.57
2003年6月	91.58	93.04	91.60	89.69	91.77	91.54	91.41	89.90	92.16	92.16	91.55	92.86	91.89	90.21	92.53	88.05	91.58	95.68	91.15	90.28	93.00	91.00	93.26	90.77	91.93	91.33	90.38	92.19	89.86	86.37	93.42	91.99	91.90
2003年7月	92.14	93.65	92.42	90.37	92.96	92.50	92.28	90.22	93.05	93.05	92.36	93.63	93.00	90.83	93.48	88.87	92.40	97.20	91.90	91.53	93.94	91.74	94.25	91.46	93.04	92.56	91.10	93.00	90.85	86.72	93.23	92.44	92.90
2003年8月	93.01	94.72	93.24	91.17	94.33	93.35	93.06	90.67	93.83	93.83	93.14	94.63	92.77	91.39	94.30	89.60	93.17	98.36	92.57	92.31	94.76	92.48	95.08	91.94	93.98	93.14	91.79	93.95	91.64	86.86	94.71	93.23	93.79
2003年9月	92.07	93.88	92.18	90.18	93.40	92.40	92.04	89.79	92.70	92.70	92.29	93.48	93.00	90.42	93.08	88.95	92.18	97.16	91.60	91.37	93.52	91.57	93.63	92.10	92.91	92.17	90.85	92.91	90.76	87.05	94.70	92.18	92.70
2003年10月	90.40	91.93	90.13	88.62	91.19	90.32	90.00	88.22	89.20	90.53	90.06	91.21	90.36	90.42	90.75	88.05	92.18	94.05	90.60	89.64	91.10	89.69	91.20	91.10	90.50	89.98	90.98	90.76	88.73	85.63	91.90	92.03	90.41
2003年11月	90.49	91.19	90.06	89.01	91.44	90.26	90.00	88.22	89.20	90.59	90.06	91.21	90.41	90.68	89.00	89.87	90.09	93.81	89.55	89.71	89.85	87.83	91.20	89.70	89.45	89.78	91.42	90.85	88.66	84.78	91.52	92.18	90.34
2003年12月	89.21	89.95	88.55	85.38	89.03	88.62	88.43	87.31	87.69	88.91	88.41	89.47	88.27	88.79	89.40	87.58	88.41	90.95	87.98	88.25	89.17	87.60	89.07	88.97	88.28	87.98	90.42	88.85	86.80	84.03	88.98	88.18	88.45
2004年1月	87.76	87.95	88.10	86.28	87.07	87.23	87.06	87.31	87.47	87.50	86.89	87.98	86.75	87.45	88.40	87.38	86.95	88.94	86.62	86.75	87.53	86.40	87.35	87.51	86.62	86.36	88.98	87.27	86.80	84.03	86.93	88.18	86.89
2004年2月	87.88	88.02	87.16	85.28	87.15	87.39	87.14	86.24	86.33	87.50	86.89	87.98	88.10	86.22	87.40	84.66	88.94	88.99	86.58	86.08	87.54	86.35	87.24	85.88	86.53	87.59	85.93	88.43	85.34	83.88	86.75	86.61	86.52
2004年3月	88.68	89.13	88.27	86.29	88.59	88.46	88.21	86.85	87.30	88.66	88.00	89.17	88.10	87.17	88.69	85.61	88.03	90.91	87.63	87.56	88.80	87.39	88.69	87.12	87.97	87.59	86.96	88.43	86.58	84.43	88.55	87.72	88.15

续表

行业 年月	1	2	3	4	5	6	7	8	9	10	11	12	13	14	15	16	17	18	20	21	22	23	24	25	26	27	28	29	30	31	32	33	34
2004年4月	89.06	89.68	88.75	86.96	89.63	89.02	88.73	86.93	87.73	89.14	88.51	89.63	88.78	87.46	89.21	86.15	88.55	91.89	88.08	87.96	89.27	87.90	89.28	87.50	88.71	88.20	87.38	89.02	87.23	84.65	89.44	88.23	88.74
2004年5月	90.99	92.38	90.39	89.13	91.13	90.38	90.06	88.59	88.99	90.56	90.03	91.16	89.83	88.60	90.57	87.09	89.95	93.24	89.39	89.44	91.07	89.41	91.00	88.91	89.90	89.56	88.69	90.39	88.09	85.27	90.93	89.72	90.06
2004年6月	90.69	92.82	89.82	88.43	90.57	89.77	89.37	88.21	88.28	89.68	89.18	90.27	88.91	87.83	89.57	86.56	89.23	92.38	88.66	88.84	90.40	88.78	89.90	88.33	89.10	88.96	88.05	89.78	87.38	84.84	90.34	89.04	89.30
2004年7月	89.89	91.28	89.07	87.64	89.67	89.04	88.73	87.79	87.83	89.10	88.61	89.74	88.40	87.51	89.07	86.05	88.64	91.38	88.21	88.26	89.56	88.18	89.32	87.71	88.46	88.26	87.53	89.13	86.87	84.60	89.36	88.38	88.64
2004年8月	90.18	91.64	89.44	88.09	90.07	89.34	89.02	87.94	88.18	89.45	88.96	89.06	88.72	87.80	89.43	86.32	88.64	91.85	88.55	88.54	89.95	88.52	89.79	88.04	88.85	88.64	87.85	89.47	87.19	84.75	89.82	88.73	88.99
2004年9月	89.83	91.55	89.22	87.99	89.71	89.03	88.77	87.94	87.95	89.21	88.76	89.82	88.56	87.60	89.23	86.16	88.76	91.67	88.37	88.25	89.82	88.34	89.64	88.02	88.65	88.51	87.73	89.28	87.07	84.73	89.83	88.62	88.81
2004年10月	88.72	89.80	88.05	86.82	88.25	87.76	87.65	87.17	86.92	88.06	87.79	88.61	87.34	86.72	88.03	85.15	87.61	89.84	87.55	87.09	88.43	87.18	88.37	86.91	87.40	87.23	86.70	88.00	85.98	84.02	88.12	87.37	87.58
2004年11月	86.66	87.48	85.81	84.40	85.60	85.49	85.45	86.32	84.64	85.62	85.14	86.07	84.91	84.57	85.65	83.34	85.32	86.75	84.56	84.96	85.89	84.90	85.53	84.74	84.87	84.81	84.58	85.65	83.88	82.58	85.28	84.97	85.21
2004年12月	85.42	87.05	84.70	82.71	83.62	84.26	84.26	84.32	83.20	84.20	83.96	84.99	83.18	83.26	83.90	82.14	83.94	84.96	83.80	83.28	85.26	83.52	83.86	83.73	83.29	83.40	83.33	84.14	82.53	81.83	83.80	83.66	83.81
2005年1月	85.60	87.21	85.05	82.88	84.30	84.74	84.70	84.34	83.58	84.61	84.07	84.74	83.83	83.54	84.39	82.64	84.35	85.40	84.17	83.28	85.41	83.88	84.32	84.06	84.13	83.92	83.71	84.60	83.16	81.89	84.57	84.10	84.13
2005年2月	85.44	86.75	85.20	82.75	84.28	84.92	84.50	84.30	83.71	84.80	83.66	84.98	84.14	83.30	84.24	82.75	84.46	85.47	83.95	83.12	84.96	83.96	84.64	84.10	83.61	83.98	83.76	84.64	83.36	82.29	84.60	84.15	84.95
2005年3月	85.34	87.17	84.90	83.43	83.89	85.38	85.28	84.99	84.10	85.31	84.07	85.16	84.61	84.05	84.39	83.06	84.88	85.40	84.02	83.57	85.41	83.54	84.15	83.72	84.57	83.92	83.39	85.02	82.90	82.97	85.06	85.02	85.45
2005年4月	85.86	87.43	85.74	83.83	84.76	85.88	85.66	86.00	84.43	85.69	84.57	85.96	85.21	85.63	85.30	83.57	85.28	86.72	84.82	84.79	85.90	84.40	85.28	84.06	84.57	84.11	83.76	85.02	83.70	84.00	85.06	85.02	85.45
2005年5月	85.92	87.43	86.07	83.18	85.24	87.20	86.98	88.00	85.89	87.19	84.97	87.49	87.12	87.12	87.35	84.73	85.28	87.61	85.96	86.17	86.41	85.15	85.76	84.65	85.19	84.90	84.47	85.47	84.28	84.75	85.89	85.02	84.95
2005年6月	86.86	88.92	87.36	87.16	87.20	88.39	88.90	88.28	87.33	88.71	87.86	88.99	88.67	87.63	88.98	85.76	88.02	89.79	88.00	86.61	87.65	86.15	86.00	86.00	87.02	86.25	85.68	86.93	85.86	84.77	85.89	86.35	85.45
2005年7月	87.93	89.72	88.77	88.37	88.34	88.39	88.75	88.32	87.44	88.79	88.00	88.99	89.23	88.06	89.22	86.46	88.68	91.46	88.81	87.80	89.21	87.90	87.21	87.20	87.02	88.50	87.80	89.26	87.78	85.01	87.70	87.85	86.99
2005年8月	88.61	89.99	89.29	88.43	88.01	88.81	89.06	89.65	88.18	89.06	88.47	89.32	89.56	89.26	89.22	86.76	89.60	91.70	88.79	86.93	89.73	89.56	89.72	87.54	88.53	88.70	87.08	89.40	87.56	85.01	88.33	88.22	88.47
2005年9月	88.68	89.14	89.50	88.37	89.91	88.89	89.56	88.96	89.39	89.34	88.47	89.32	89.64	89.26	89.56	86.29	88.60	91.46	89.01	86.61	89.99	88.40	89.15	88.25	89.04	88.50	87.57	89.26	87.81	84.77	89.33	88.43	88.78
2005年10月	89.52	90.94	89.58	89.43	90.06	89.97	89.89	89.65	89.48	90.84	89.78	90.95	90.64	89.26	91.04	87.38	89.77	91.23	90.01	87.83	90.98	89.23	89.78	90.41	90.36	89.70	88.92	90.26	87.93	84.77	89.45	89.66	88.96
2005年11月	90.35	91.67	90.58	89.06	91.17	91.10	91.02	90.96	90.19	91.84	90.87	92.20	91.99	88.98	92.57	88.29	90.91	93.05	90.92	88.92	91.26	89.23	91.78	90.35	91.67	90.36	89.96	91.40	90.06	85.69	91.04	89.84	90.19
2005年12月	90.23	91.37	91.37	89.06	90.93	90.74	90.75	90.42	90.19	91.51	90.64	91.93	91.67	88.98	92.05	87.99	90.65	94.55	90.92	88.52	91.84	90.07	92.92	90.08	91.36	90.50	89.71	91.08	89.79	86.23	92.09	90.49	91.14

154 国家智库报告

续表

行业 年月	1	2	3	4	5	6	7	8	9	10	11	12	13	14	15	16	17	18	20	21	22	23	24	25	26	27	28	29	30	31	32	33	34
2006年1月	88.94	89.48	90.00	87.46	89.22	89.42	89.48	88.99	88.65	89.99	89.11	90.38	90.49	88.51	90.42	86.91	89.30	92.83	89.52	86.88	90.45	88.49	91.07	88.88	89.87	89.13	88.44	89.60	88.89	85.13	90.61	89.10	89.77
2006年2月	89.05	89.40	90.50	87.90	89.66	89.93	90.04	89.32	89.30	90.68	89.77	91.10	91.01	89.18	91.27	87.43	89.91	93.96	90.26	87.26	91.13	89.21	92.05	89.53	90.71	89.79	89.06	90.30	89.57	85.46	91.58	89.79	90.48
2006年3月	89.19	90.02	90.59	88.02	89.61	89.03	90.12	89.31	89.35	90.75	89.87	91.17	90.95	89.24	91.31	87.58	90.00	94.09	90.26	87.48	91.37	89.29	91.99	89.76	90.72	89.91	89.21	90.45	89.42	85.57	91.83	89.99	90.56
2006年4月	88.71	89.40	90.00	87.46	88.74	89.45	89.53	88.93	88.76	90.13	89.31	90.57	90.20	88.73	91.06	87.19	89.44	93.11	89.75	86.79	90.73	88.73	90.19	89.18	89.92	89.19	88.71	89.76	88.79	85.33	90.89	89.38	89.89
2006年5月	87.45	87.89	88.05	86.15	86.83	87.52	87.59	87.39	86.82	87.95	87.31	88.35	87.79	86.98	88.23	85.66	87.46	90.12	87.72	85.00	88.39	86.85	88.63	87.21	87.56	87.07	86.84	87.66	86.74	84.06	88.24	87.26	87.67
2006年6月	89.03	89.64	89.47	88.37	88.50	88.73	88.77	88.73	88.06	89.31	88.80	89.69	88.96	87.99	89.86	86.67	88.74	91.62	88.93	86.33	89.82	88.17	89.28	88.40	88.79	88.35	88.05	88.97	87.69	94.67	89.63	88.84	88.90
2006年7月	88.85	89.02	89.46	88.17	88.18	88.83	88.84	88.80	88.17	89.44	88.89	89.81	89.14	88.16	89.72	86.74	88.80	91.61	89.07	86.29	89.92	88.20	90.43	88.43	88.84	88.32	88.12	88.99	87.78	94.87	89.50	88.61	88.98
2006年8月	88.43	88.40	89.11	87.43	87.55	88.42	88.52	88.72	87.95	88.14	88.46	89.54	88.82	88.09	89.46	86.38	88.44	91.01	88.81	86.29	89.51	87.81	90.07	88.20	88.44	87.94	87.82	88.65	87.47	84.82	88.94	88.24	88.59
2006年9月	89.16	89.22	89.94	88.23	88.43	89.20	89.32	89.46	88.72	89.98	89.25	90.38	89.68	88.84	90.30	87.06	89.24	92.10	89.63	86.73	89.34	88.58	90.98	88.96	89.31	89.46	88.58	89.49	88.26	85.34	89.88	89.05	89.42
2006年10月	89.68	89.73	88.94	88.88	89.10	89.88	89.49	90.13	89.44	90.76	89.98	91.16	89.68	89.57	90.33	87.63	89.94	92.93	90.40	87.37	89.12	89.27	91.92	89.13	89.11	88.73	89.25	89.76	88.97	85.66	89.65	89.76	90.15
2006年11月	89.26	89.30	89.68	87.52	88.25	88.95	88.89	89.79	88.83	90.13	89.23	91.49	90.50	89.04	89.46	87.19	89.35	91.76	89.85	86.71	89.52	88.67	91.06	88.79	89.32	88.46	89.25	90.56	89.36	85.51	90.26	89.09	89.49
2006年12月	88.95	89.04	89.82	88.71	87.32	89.20	89.55	89.20	88.36	89.08	90.78	90.02	89.71	88.69	91.67	86.81	88.89	90.74	89.45	86.19	89.15	88.21	90.42	89.13	88.60	88.73	88.72	88.89	89.05	86.15	88.76	89.88	88.95
2007年1月	89.98	90.10	91.13	88.35	88.57	89.24	89.70	89.87	89.89	91.35	89.34	91.51	90.45	90.02	91.67	87.77	90.57	92.52	90.05	87.41	89.51	89.64	92.10	89.56	89.55	89.29	89.51	90.31	89.25	86.74	90.11	89.10	90.27
2007年2月	90.06	89.88	91.33	88.71	88.06	88.40	89.22	89.14	89.41	89.75	90.78	91.70	90.71	90.31	91.96	88.06	89.83	91.62	89.46	87.62	91.75	89.11	92.25	89.27	88.61	88.99	89.74	90.51	89.05	86.99	90.27	89.61	90.44
2007年3月	89.71	89.83	90.82	88.35	86.65	88.79	89.42	89.64	89.26	90.02	89.78	91.03	90.03	89.83	91.25	86.76	89.93	91.61	89.81	87.32	91.21	89.15	91.47	89.08	89.13	89.07	89.31	90.01	87.96	86.19	89.63	89.62	89.89
2007年4月	88.58	88.09	89.98	87.14	86.69	88.79	89.42	89.26	89.11	90.48	88.87	89.23	89.38	89.38	90.92	86.76	88.95	90.76	90.30	86.28	90.14	88.15	89.76	89.63	88.61	88.99	88.51	89.46	88.47	86.70	88.19	88.62	88.95
2007年5月	88.54	87.87	90.27	87.83	87.39	88.83	89.75	89.66	89.88	91.30	89.23	90.71	90.67	89.97	91.78	86.85	90.29	91.59	91.10	86.49	90.41	88.43	91.39	90.23	89.13	89.07	88.95	90.04	88.47	87.32	88.66	89.01	89.36
2007年6月	89.02	87.89	90.97	87.16	86.54	88.90	89.25	91.53	89.11	90.79	90.01	91.50	90.56	90.82	91.20	87.44	89.99	90.55	90.66	86.96	90.93	89.10	91.70	90.45	89.93	89.67	90.57	89.46	89.23	87.30	89.21	89.62	90.06
2007年7月	88.55	87.67	90.54	87.79	87.47	89.35	89.97	91.39	89.44	89.88	88.44	90.92	90.35	89.53	91.15	87.10	89.45	91.19	90.72	86.42	90.35	88.56	91.99	89.49	89.23	90.45	89.14	90.04	89.73	87.70	89.99	89.62	89.46
2007年8月	89.30	89.04	90.87	87.07	87.47	88.75	90.25	91.38	89.66	89.88	89.68	90.92	90.13	89.53	90.99	87.59	89.75	91.29	90.29	87.16	90.78	88.93	91.59	89.23	89.58	89.02	89.47	89.97	89.05	87.61	89.22	89.51	89.81
2007年9月	88.74	88.22	90.36	87.18	86.66	88.75	89.76	91.14	89.24	89.36	89.11	90.45	89.53	89.27	89.99	87.23	89.22	90.29	90.10	86.70	90.19	88.38	89.89	89.93	88.97	88.50	89.11	89.45	88.64	87.61	88.50	89.02	89.27

续表

行业 年月	1	2	3	4	5	6	7	8	9	10	11	12	13	14	15	16	17	18	20	21	22	23	24	25	26	27	28	29	30	31	32	33	34
2007年10月	87.21	85.88	89.13	85.52	84.88	87.32	88.60	90.38	88.22	89.29	87.91	89.31	88.47	89.56	89.62	86.09	88.01	88.49	89.29	85.24	88.71	87.08	89.85	88.86	87.72	87.15	88.04	88.05	87.63	87.06	86.67	87.69	88.05
2007年11月	87.07	86.17	88.73	85.09	84.17	86.91	88.18	90.11	87.73	88.63	87.30	88.60	87.62	89.14	88.78	85.96	87.50	87.47	88.71	85.05	88.35	86.62	88.83	88.72	87.00	86.74	87.74	87.60	87.18	87.23	86.17	87.33	87.49
2007年12月	88.39	88.01	90.20	86.26	85.42	88.37	89.62	91.35	89.05	89.04	88.63	89.03	88.98	90.41	90.23	87.18	88.88	89.00	90.04	86.45	89.09	87.98	89.33	90.23	88.42	88.18	89.12	89.04	88.52	88.36	87.83	88.84	88.97
2008年1月	89.41	89.37	91.06	87.19	86.30	89.34	90.52	92.13	89.91	90.78	89.40	89.68	89.64	91.25	90.82	88.37	89.71	89.50	90.78	87.60	91.00	88.85	90.79	91.21	89.18	89.10	89.10	89.22	89.45	89.65	88.67	89.77	89.83
2008年2月	89.86	89.07	91.50	87.86	86.77	89.86	91.06	92.65	90.49	91.33	90.00	90.22	89.64	91.87	91.14	89.06	90.23	89.80	91.33	87.00	91.35	89.40	91.42	91.68	89.72	89.56	89.65	89.29	89.10	90.43	88.94	89.77	90.38
2008年3月	89.55	89.32	90.65	87.38	85.42	89.04	90.23	91.89	89.53	91.20	89.04	89.01	88.77	91.07	90.05	88.65	89.34	87.74	90.12	87.56	89.57	88.51	89.86	91.26	88.34	88.62	89.96	89.22	89.11	90.67	88.71	89.41	89.29
2008年4月	90.30	89.86	91.51	88.36	85.64	89.69	91.02	92.87	89.26	91.08	89.81	89.79	89.39	91.93	89.89	89.26	90.07	87.96	90.87	88.14	91.52	89.21	90.88	92.18	88.91	89.29	89.76	89.81	89.71	91.44	88.12	90.16	90.00
2008年5月	91.22	88.92	92.52	89.26	86.76	90.71	92.01	95.46	91.56	91.26	91.07	92.07	90.72	94.56	90.29	91.40	91.15	88.97	91.99	89.40	92.48	90.28	92.35	93.19	91.18	90.29	91.82	90.79	90.76	91.44	89.00	91.20	91.08
2008年6月	92.28	90.84	93.81	89.40	87.59	91.99	93.26	95.74	92.77	93.56	92.30	93.53	91.98	94.83	93.78	91.62	92.48	89.09	93.99	90.37	93.90	91.46	93.80	94.45	91.88	91.48	93.02	91.88	91.90	93.56	90.06	92.41	92.30
2008年7月	92.38	90.82	93.96	90.36	87.38	92.10	93.46	95.74	92.96	93.68	92.36	93.53	92.09	94.83	93.78	91.62	92.48	89.57	93.99	90.42	94.08	91.54	93.92	94.71	94.23	93.48	93.25	92.02	91.02	93.95	90.04	92.55	92.43
2008年8月	94.42	94.04	96.39	92.39	90.18	94.61	95.87	96.64	95.37	96.23	94.86	96.21	94.93	99.35	96.49	96.36	95.02	93.18	95.90	93.10	97.08	94.06	95.78	97.34	94.23	94.36	95.66	94.90	97.32	95.52	93.84	95.36	95.21
2008年9月	97.83	97.41	99.02	95.77	94.32	97.43	98.45	102.67	98.15	99.82	97.81	99.04	97.67	99.35	99.10	98.36	97.42	97.42	98.31	96.90	99.87	97.04	99.47	99.96	97.27	97.61	98.37	98.03	97.32	97.72	97.68	98.40	98.11
2008年10月	104.23	108.82	104.00	102.74	102.33	102.95	103.26	102.67	103.83	103.47	103.24	103.97	102.29	103.11	103.64	101.43	102.96	104.18	102.29	104.03	105.54	102.41	104.14	104.83	102.65	103.52	103.12	103.78	101.86	101.31	105.21	104.08	103.28
2008年11月	107.40	113.52	106.97	102.46	106.53	105.05	105.86	104.92	103.35	105.99	105.90	106.24	104.81	105.08	106.00	104.09	105.51	107.55	104.43	107.35	108.63	105.20	106.79	107.36	105.55	106.67	105.61	106.99	104.35	103.25	105.92	104.96	106.11
2008年12月	105.56	112.90	104.30	103.03	103.08	103.55	103.38	102.83	102.48	102.90	102.84	103.11	101.16	102.15	102.43	101.95	102.89	103.53	101.78	105.12	105.96	102.82	102.58	104.69	102.22	103.16	103.22	103.25	101.54	102.53	105.43	104.37	103.25
2009年1月	106.67	114.75	105.33	104.80	104.83	104.89	104.38	104.34	103.59	103.90	103.25	103.25	102.42	102.94	103.43	103.15	104.25	105.05	103.26	106.49	106.82	104.69	103.55	105.39	103.64	104.88	104.26	104.99	102.71	102.41	106.76	105.51	104.31
2009年2月	109.84	119.53	108.47	108.27	108.63	108.00	107.17	108.08	106.56	106.95	107.37	107.50	106.05	105.61	106.50	105.44	107.42	108.93	106.29	110.14	109.74	106.48	106.86	107.92	106.76	108.44	106.88	108.39	105.18	102.41	110.07	108.53	107.07
2009年3月	110.16	118.67	108.93	108.48	108.09	108.00	107.53	108.08	106.95	107.52	107.86	108.07	106.18	106.18	106.37	105.53	107.87	108.41	106.06	110.15	107.93	108.64	107.76	108.24	106.76	108.37	107.25	108.25	105.14	104.72	109.49	108.88	107.33
2009年4月	107.53	113.67	106.76	106.06	105.36	106.18	105.68	106.96	105.08	105.65	105.71	106.10	104.12	104.56	105.49	103.77	105.72	106.06	105.26	105.26	107.07	106.38	105.91	106.12	104.90	106.04	106.33	105.84	105.84	104.35	106.79	106.48	105.45
2009年5月	104.27	108.82	103.67	102.82	101.82	103.07	102.81	102.85	102.28	102.74	102.72	103.06	102.11	102.11	102.52	101.36	102.68	102.68	101.02	103.55	104.43	103.23	102.69	103.29	102.83	101.85	102.60	102.43	101.14	101.21	103.11	103.32	102.45
2009年6月	102.29	105.76	101.88	101.10	99.52	101.20	101.13	102.85	100.75	101.16	101.10	101.42	99.62	100.96	100.97	99.75	101.01	100.36	101.01	101.74	102.33	101.37	101.03	101.63	99.92	100.91	100.91	100.88	99.47	100.28	100.56	101.42	100.49

续表

行业 年月	1	2	3	4	5	6	7	8	9	10	11	12	13	14	15	16	17	18	20	21	22	23	24	25	26	27	28	29	30	31	32	33	34
2009年7月	101.87	105.65	101.28	100.45	98.98	100.71	100.58	102.38	100.26	100.45	100.46	100.79	99.00	100.41	100.22	99.45	100.49	99.53	100.51	101.42	101.76	100.94	100.21	101.15	99.36	100.39	100.46	100.41	99.02	100.11	100.07	100.92	99.93
2009年8月	100.63	103.60	100.26	99.23	97.60	99.52	99.34	101.84	99.40	99.53	99.45	99.83	98.12	99.72	99.34	98.50	99.91	98.07	99.73	100.16	100.38	99.94	99.35	100.23	98.33	99.27	99.56	99.30	99.10	99.53	98.64	99.79	98.89
2009年9月	99.46	102.31	98.88	98.06	96.20	98.29	98.24	100.37	98.02	99.05	98.02	98.21	96.24	98.35	97.71	97.71	98.11	96.17	98.27	98.83	99.16	98.50	97.48	98.88	96.76	97.82	98.36	97.86	96.87	98.60	97.00	98.42	97.52
2009年10月	97.55	99.24	97.28	96.39	94.26	96.72	96.88	98.69	96.65	96.70	96.54	96.69	95.24	97.20	96.35	96.51	96.00	94.44	96.88	97.03	97.50	96.78	96.03	97.49	95.32	96.19	97.04	96.33	95.74	97.97	95.16	96.89	96.13
2009年11月	97.02	98.30	96.68	95.95	93.71	96.20	96.33	98.07	96.09	96.10	95.94	96.05	94.66	96.67	95.68	96.08	96.00	93.72	96.28	96.43	95.82	96.14	95.34	96.86	94.49	95.54	96.45	95.76	95.20	97.20	94.43	96.24	95.50
2009年12月	97.91	99.53	97.60	96.93	94.99	97.13	97.25	98.87	97.02	97.03	96.91	97.05	95.82	97.44	96.91	96.86	97.54	95.18	97.27	97.34	97.77	97.23	96.49	97.73	95.92	96.66	97.35	96.80	96.25	97.82	95.81	97.63	96.58
2010年1月	98.14	99.06	97.99	97.17	95.83	97.56	97.74	99.04	97.50	97.60	97.42	97.64	96.58	97.86	97.39	97.25	97.54	96.11	97.80	97.48	98.06	97.63	97.21	97.99	96.68	97.15	97.74	97.29	96.92	97.96	96.42	97.63	97.20
2010年2月	99.65	100.78	99.41	99.02	98.40	99.16	99.20	99.78	99.01	99.10	99.03	99.17	98.51	99.08	98.96	98.83	98.89	98.52	99.13	99.23	99.60	99.16	98.92	99.35	98.63	98.96	99.18	99.02	99.62	98.91	98.80	99.25	98.96
2010年3月	99.02	99.01	99.13	98.91	98.17	98.74	99.01	99.32	98.93	99.04	98.89	98.99	98.67	99.06	99.00	98.67	99.08	98.38	98.97	98.68	99.30	98.78	99.17	99.22	98.68	98.76	99.10	98.84	98.74	98.91	98.63	99.04	98.96
2010年4月	98.72	97.69	99.25	98.75	98.24	98.75	99.19	99.44	99.14	99.39	99.10	99.34	99.22	99.41	99.54	98.57	99.05	98.91	99.27	98.36	99.29	99.80	99.79	99.31	99.06	98.86	99.16	98.93	99.06	98.69	98.73	99.07	99.19
2010年5月	101.55	101.48	101.96	102.13	102.76	101.90	101.92	101.17	101.96	102.22	102.20	102.26	102.57	101.72	102.32	101.53	102.02	103.49	101.90	101.79	102.24	101.88	102.64	101.84	102.58	102.27	101.84	102.12	102.11	100.63	103.05	102.17	102.34
2010年6月	102.64	102.64	102.95	103.68	104.68	103.10	102.95	101.98	103.23	103.38	103.56	103.52	104.05	102.86	103.74	102.69	103.27	105.38	103.03	103.43	103.21	103.23	104.18	102.90	104.09	103.71	102.92	103.60	103.38	101.78	104.79	103.40	103.54
2010年7月	101.38	101.74	101.33	101.87	102.25	101.53	101.35	100.86	101.55	101.52	101.70	101.61	101.79	101.37	101.62	101.46	101.01	102.48	101.07	101.97	101.53	101.56	104.05	101.44	101.85	101.81	101.42	101.61	101.56	101.10	102.35	101.67	101.60
2010年8月	100.26	100.42	100.10	100.52	101.11	100.42	100.22	100.86	100.38	100.22	100.39	100.30	100.88	100.21	100.25	100.56	100.33	101.01	100.18	100.72	100.16	100.31	100.22	100.18	100.60	100.54	100.25	100.61	100.51	100.43	100.96	100.37	100.38
2010年9月	100.03	99.99	99.90	100.11	100.64	100.21	100.02	99.82	100.16	99.96	100.08	99.95	100.88	100.05	99.93	100.49	100.10	100.16	100.18	100.37	99.78	100.18	99.79	99.86	100.21	100.16	100.06	100.20	100.27	100.43	100.16	99.99	100.05
2010年10月	98.46	98.57	98.21	97.80	97.62	98.34	98.35	98.70	98.21	97.94	97.88	97.80	97.77	98.38	98.72	98.90	98.18	96.96	98.77	98.31	97.95	98.26	97.21	98.38	97.81	98.03	98.42	98.06	98.38	99.68	97.43	98.06	98.03
2010年11月	99.40	99.00	99.09	98.85	98.99	99.32	99.25	99.58	99.14	98.90	98.91	98.83	98.94	99.23	99.30	99.73	99.17	98.16	99.22	99.12	98.67	99.30	99.36	99.05	98.91	98.98	99.20	98.98	99.34	100.39	98.36	98.88	98.98
2010年12月	100.41	99.27	100.29	100.75	100.97	100.57	100.43	100.31	100.43	100.32	100.44	100.18	100.63	100.41	100.30	101.00	100.46	100.04	100.38	100.22	99.81	100.53	100.16	100.11	100.51	100.37	100.35	100.13	100.74	101.16	99.95	100.10	100.39
2011年1月	100.50	99.25	100.28	100.93	100.80	99.84	100.38	100.23	100.18	100.18	100.34	99.99	100.47	100.29	100.11	101.14	100.57	99.78	100.22	99.83	99.78	100.40	100.03	100.19	100.36	100.27	100.34	99.94	100.74	101.23	99.86	100.02	100.34
2011年2月	100.08	99.71	99.71	99.51	99.82	99.84	99.81	99.84	99.75	99.62	99.78	99.41	99.71	99.92	99.48	99.61	99.76	99.74	99.65	99.27	99.18	99.72	99.39	99.74	99.54	99.53	99.85	99.31	99.13	100.97	99.90	99.40	99.64
2011年3月	99.17	97.69	98.80	99.48	98.33	98.94	98.94	99.03	98.87	98.70	98.81	98.43	98.54	99.22	98.44	99.78	98.62	97.43	98.70	98.50	98.34	98.67	98.26	99.12	98.40	98.53	99.11	98.42	99.13	100.51	97.79	98.58	98.69

续表

行业 年月	1	2	3	4	5	6	7	8	9	10	11	12	13	14	15	16	17	18	20	21	22	23	24	25	26	27	28	29	30	31	32	33	34
2011年4月	98.11	95.98	98.04	98.16	96.48	97.87	98.18	98.82	98.05	97.94	97.87	97.61	97.61	98.67	97.71	98.89	97.93	95.84	98.08	97.13	97.47	97.75	97.47	98.39	97.29	97.40	98.34	97.27	98.27	100.06	96.15	97.29	97.75
2011年5月	98.73	96.32	98.38	98.97	97.40	98.46	98.64	98.82	98.47	98.30	98.35	97.95	98.11	98.96	98.01	99.63	98.39	96.34	98.36	97.68	97.80	98.18	97.76	98.67	97.80	97.87	98.76	97.74	98.83	100.52	96.70	98.01	98.24
2011年6月	98.93	96.92	98.57	99.29	97.49	98.72	98.83	98.99	98.61	98.42	98.50	98.05	98.17	99.05	98.06	99.93	98.57	96.45	98.54	97.92	98.07	98.43	97.80	98.89	97.93	98.07	98.97	97.94	99.00	100.75	96.93	98.25	98.39
2011年7月	98.86	96.42	98.50	99.65	97.89	98.74	98.83	98.81	98.68	98.42	98.55	97.99	98.39	99.05	98.03	100.13	98.61	96.72	98.58	97.82	97.86	98.45	97.85	98.77	98.14	98.14	99.00	97.98	99.24	100.79	97.06	98.23	98.47
2011年8月	100.36	98.98	99.45	101.18	99.22	99.93	99.74	99.76	99.52	99.14	99.55	98.81	98.98	99.68	98.99	101.34	99.63	97.59	99.46	99.25	99.84	99.72	99.31	99.62	98.93	99.17	99.93	99.07	99.99	101.84	98.15	99.26	99.26
2011年9月	103.71	102.57	102.20	104.29	103.56	103.00	102.43	102.32	102.38	101.91	102.61	101.73	101.92	102.08	101.41	104.15	102.57	101.09	102.19	102.77	101.50	102.88	101.10	101.83	101.97	102.23	102.88	102.08	102.61	103.86	101.38	102.11	102.14
2011年10月	104.92	104.07	103.10	105.86	104.70	104.02	103.25	102.53	103.31	102.78	103.03	102.65	102.90	102.92	102.23	105.09	103.51	101.80	103.03	104.07	102.40	104.00	101.88	102.55	102.74	103.13	103.43	102.98	103.25	104.69	102.13	103.00	102.91
2011年11月	105.84	104.86	104.00	106.82	105.96	105.09	104.09	104.13	104.16	103.72	104.28	103.57	103.66	103.66	103.25	106.09	104.39	103.09	103.73	104.76	103.31	104.82	102.79	103.73	103.66	104.02	104.22	103.84	104.11	105.25	103.12	103.85	103.85
2011年12月	107.46	105.77	105.39	108.85	108.44	106.71	105.49	105.30	105.71	105.23	106.22	105.14	105.48	104.95	104.85	107.66	105.94	105.11	105.37	106.35	104.58	106.44	104.53	104.27	105.40	105.16	105.57	105.36	105.63	106.06	104.83	105.27	105.43
2012年1月	107.53	105.14	105.77	109.28	109.30	107.16	105.65	106.49	106.26	105.78	106.74	105.57	106.39	105.49	105.46	108.21	106.41	105.90	106.57	106.64	104.79	106.84	105.21	104.61	105.40	106.16	105.97	105.86	106.43	106.79	105.42	105.65	106.02
2012年2月	105.89	102.77	104.68	107.42	106.99	105.69	104.93	104.54	105.14	104.78	106.25	104.45	105.23	104.80	104.52	106.85	104.61	104.11	104.75	104.95	104.79	105.26	104.31	103.87	104.87	105.49	104.91	104.49	105.36	105.88	103.74	104.37	104.85
2012年3月	106.89	104.07	105.66	108.40	107.76	106.41	105.58	105.88	105.97	105.78	106.38	105.53	106.30	105.66	105.68	107.24	105.93	105.00	105.57	105.50	104.72	105.98	105.66	104.94	105.63	105.91	105.68	105.19	105.92	106.03	104.44	105.19	105.72
2012年4月	107.57	104.29	105.93	108.40	108.58	106.85	106.00	106.56	106.25	105.98	106.06	105.81	106.07	105.82	105.68	107.72	106.26	105.49	105.85	106.05	104.97	106.38	105.70	104.90	105.91	105.91	105.98	105.57	106.18	106.30	104.96	105.53	106.01
2012年5月	109.36	106.74	107.03	111.05	111.48	108.40	107.08	107.43	107.33	106.96	106.98	106.98	107.47	106.47	107.32	109.10	107.57	106.49	107.56	107.71	106.04	107.88	106.52	105.47	107.25	107.36	107.00	106.91	107.27	106.95	106.72	106.77	107.23
2012年6月	110.36	108.89	107.68	111.39	112.54	109.33	107.67	107.99	107.99	107.50	108.73	107.64	108.16	106.75	106.72	109.78	108.35	108.19	108.47	108.68	106.58	108.98	107.04	106.05	108.02	108.11	107.52	107.61	107.77	107.19	107.41	107.36	107.86
2012年7月	109.95	106.55	107.47	111.34	113.00	109.20	107.54	106.95	106.91	107.48	108.63	107.52	108.53	106.72	106.45	109.79	108.22	108.43	107.47	108.32	106.17	108.71	107.20	105.47	108.23	108.07	107.34	107.57	107.95	106.98	107.35	107.07	107.89
2012年8月	109.46	105.66	106.95	110.75	122.31	108.52	106.98	106.64	106.93	105.94	108.08	106.94	107.93	106.34	106.98	109.29	107.53	106.99	106.94	107.66	105.53	108.05	106.64	106.01	106.32	106.41	106.86	105.96	107.40	106.67	106.54	106.44	107.32
2012年9月	108.89	105.70	106.24	109.73	110.54	107.53	106.19	106.20	105.94	105.94	106.98	105.92	106.55	105.57	105.63	108.33	106.70	105.99	106.04	106.70	104.78	107.15	105.42	104.54	106.32	106.41	106.11	106.15	106.38	106.40	106.34	105.61	106.28
2012年10月	109.65	106.78	107.17	110.39	111.04	108.33	107.14	107.14	106.78	105.78	107.71	106.72	107.26	106.34	106.45	109.02	107.49	106.76	106.84	107.26	105.80	107.88	106.26	106.50	107.08	107.18	106.94	107.92	107.18	107.07	106.19	106.47	107.13
2012年11月	111.10	107.67	108.56	111.82	112.66	109.88	108.43	108.58	108.23	108.23	109.18	108.20	108.75	107.53	107.99	110.36	108.90	108.25	108.27	108.31	107.14	109.23	107.79	106.74	108.43	108.43	108.17	107.92	108.41	107.82	107.30	107.71	108.52
2012年12月	110.71	106.93	108.31	111.21	111.44	109.29	108.07	108.69	108.15	107.96	108.75	107.91	108.16	107.35	107.75	109.63	108.45	107.33	107.95	107.56	106.89	108.77	107.62	106.24	107.75	107.79	107.81	107.32	107.78	107.37	106.57	107.26	108.04

续表

行业 年月	1	2	3	4	5	6	7	8	9	10	11	12	13	14	15	16	17	18	20	21	22	23	24	25	26	27	28	29	30	31	32	33	34
2013年1月	110.08	106.66	109.05	111.44	110.88	109.61	108.64	109.77	108.86	108.81	109.37	108.69	108.67	108.15	108.75	109.66	108.95	107.58	108.67	107.56	107.77	109.17	108.76	106.95	108.08	108.07	108.37	107.79	108.04	107.50	106.41	107.79	108.56
2013年2月	111.13	107.12	109.83	111.94	110.76	110.06	109.28	110.64	109.37	109.71	110.12	109.56	109.30	109.00	109.76	109.88	109.58	108.13	109.43	108.16	108.89	109.75	109.98	107.92	108.67	108.66	109.11	108.21	108.49	107.81	107.05	108.60	109.25
2013年3月	112.80	108.11	111.65	114.11	113.20	112.00	111.11	112.26	111.31	111.75	112.19	111.61	111.89	110.78	111.11	111.59	111.52	110.53	111.34	109.98	110.73	111.19	112.39	109.94	110.86	110.61	110.85	110.19	110.40	109.10	109.10	110.43	111.28
2013年4月	113.64	108.57	112.39	114.83	113.65	112.71	111.98	113.68	112.24	112.76	113.12	112.70	112.49	111.86	111.96	111.99	112.42	111.17	112.37	110.77	111.56	112.66	113.64	110.36	111.66	112.84	111.65	110.65	111.06	109.96	109.57	111.22	112.05
2013年5月	115.44	110.90	114.43	116.59	115.23	114.38	113.65	115.43	113.82	114.50	114.88	114.56	114.12	113.38	113.06	113.37	114.15	113.30	112.97	112.22	113.58	114.39	115.61	112.18	113.35	113.41	113.33	112.53	112.58	111.01	109.57	111.22	113.80
2013年6月	116.79	113.98	114.60	117.35	115.89	114.83	113.66	115.82	113.76	114.18	114.88	114.47	113.47	113.01	114.89	113.82	114.36	113.11	113.98	113.12	113.82	114.14	114.76	112.27	113.06	113.41	113.50	112.74	113.28	111.24	111.62	113.34	113.70
2013年7月	118.22	115.79	115.90	118.67	117.17	116.06	114.77	117.09	113.76	115.32	116.49	115.68	114.61	113.85	114.29	114.71	114.36	114.55	115.10	114.07	115.26	114.14	116.10	113.04	114.21	113.41	114.60	113.57	113.22	111.24	111.96	113.34	114.94
2013年8月	118.98	117.38	115.89	118.86	117.23	116.14	114.52	117.45	114.47	114.82	115.81	115.25	113.80	113.35	114.75	114.76	115.32	113.83	114.77	114.06	115.13	116.20	115.24	113.04	113.59	114.39	114.38	113.57	113.57	111.47	113.36	114.56	114.54
2013年9月	118.92	116.89	115.98	119.24	117.19	116.14	114.32	117.82	114.26	114.72	115.68	114.97	113.59	113.14	114.63	114.71	115.06	113.40	114.66	113.32	114.88	116.01	115.22	112.99	113.21	114.02	114.03	113.09	112.66	110.96	112.95	114.31	114.19
2013年10月	117.99	115.71	114.88	117.80	115.41	114.94	113.29	116.81	113.08	113.52	114.35	113.65	112.26	112.16	113.33	113.71	113.83	111.67	113.53	112.03	113.74	114.72	113.82	111.88	113.34	112.73	112.95	111.89	112.29	110.39	110.69	112.68	112.95
2013年11月	119.38	117.69	116.46	119.45	117.25	116.53	114.72	118.42	114.44	115.02	115.86	115.21	113.69	113.35	114.84	114.86	115.33	113.41	114.99	113.37	115.28	116.31	115.41	112.83	113.34	114.18	114.24	113.28	112.43	111.13	112.19	114.10	114.40
2013年12月	120.43	117.53	117.92	120.16	117.39	117.19	115.46	119.88	114.98	115.75	116.49	115.98	113.96	113.96	115.50	115.04	116.01	113.90	115.77	113.90	116.42	117.73	116.19	114.80	113.75	114.81	114.90	113.92	112.66	111.47	112.78	114.86	114.95
2014年1月	121.98	119.92	118.82	118.82	119.02	117.82	116.16	121.14	116.16	116.96	117.84	117.24	115.06	114.98	116.63	116.19	117.20	115.10	116.99	115.33	117.73	118.80	117.52	114.93	114.99	116.02	116.03	115.07	113.62	112.26	114.01	116.08	116.07
2014年2月	121.29	121.53	117.92	121.27	118.19	117.82	115.84	120.66	115.38	116.01	116.98	116.40	115.06	114.11	115.62	115.46	116.58	114.03	116.38	114.83	116.73	118.10	116.38	113.81	114.11	115.20	115.21	114.44	112.80	111.95	114.01	115.22	115.14
2014年3月	118.72	118.98	115.53	118.65	115.29	115.42	113.61	118.62	113.15	113.74	114.20	113.10	114.18	114.11	113.34	113.10	114.39	114.03	114.34	112.63	114.38	115.98	114.08	111.84	111.84	112.30	113.02	112.19	112.80	110.17	112.99	112.97	112.80
2014年4月	116.76	116.48	113.99	116.69	113.57	113.95	112.18	117.01	111.70	111.79	113.10	112.67	111.89	110.66	111.97	111.75	114.20	110.09	112.93	110.77	114.31	114.31	112.62	110.12	110.45	111.30	111.51	110.83	109.38	110.17	110.49	111.40	111.36
2014年5月	116.06	115.75	113.46	115.98	113.18	113.41	111.68	116.20	111.17	111.79	112.49	112.54	110.65	110.14	111.44	111.31	112.77	109.90	112.35	110.09	112.61	113.61	112.07	109.69	110.07	110.84	110.98	110.72	109.05	108.27	108.91	110.87	110.93
2014年6月	116.62	115.91	114.00	116.77	114.13	113.95	112.16	116.58	111.67	112.32	113.04	112.49	110.89	110.58	112.02	111.84	113.36	110.57	113.42	110.41	112.61	114.01	112.71	110.47	110.63	111.33	111.37	110.67	109.55	108.45	108.64	110.87	111.45
2014年7月	117.19	116.21	114.50	117.43	114.88	114.57	112.75	117.12	112.32	112.91	113.70	113.20	111.63	111.21	112.66	112.48	113.36	111.34	113.42	111.05	113.05	114.68	113.35	110.47	111.33	111.97	111.96	111.30	110.24	109.12	109.78	111.27	112.05
2014年8月	119.43	118.67	116.62	119.76	117.39	116.82	114.79	119.31	114.32	115.00	115.80	115.37	113.76	112.97	114.79	114.42	115.55	113.68	115.58	113.05	115.17	115.56	115.56	112.24	113.50	114.10	113.91	113.33	110.24	110.64	111.93	111.86	114.15
2014年9月	122.13	121.52	119.47	122.70	120.74	119.52	117.46	122.19	117.02	117.87	118.29	118.41	116.80	115.42	117.89	116.52	118.40	117.19	118.47	115.69	118.00	120.10	119.01	114.66	116.58	116.97	116.42	116.06	114.71	112.33	115.05	116.66	116.99

人民币有效汇率重估及中国对外竞争力再考察

续表

行业 年月	1	2	3	4	5	6	7	8	9	10	11	12	13	14	15	16	17	18	20	21	22	23	24	25	26	27	28	29	30	31	32	33	34
2014年10月	124.53	125.03	121.49	124.90	123.34	121.55	119.30	124.51	118.83	119.66	120.74	120.41	118.57	116.89	119.66	118.05	120.45	119.33	120.48	117.96	119.94	122.54	120.92	116.28	118.58	119.04	118.15	118.05	116.30	113.77	117.19	118.58	118.83
2014年11月	127.45	128.23	124.54	127.40	126.07	124.23	122.07	128.80	121.68	122.71	123.79	122.87	121.58	119.61	123.04	119.65	123.55	122.21	123.92	120.80	122.81	126.17	124.64	118.71	121.53	121.83	120.72	120.35	118.54	115.76	119.60	121.34	121.34
2014年12月	129.34	133.03	125.92	128.53	127.66	125.57	123.05	131.79	122.62	123.48	124.88	125.21	122.19	119.97	123.84	120.02	125.06	123.36	125.77	122.35	122.93	128.76	125.52	119.26	122.68	123.18	121.57	121.82	119.00	116.28	120.77	122.47	122.32
2015年1月	131.47	136.66	128.15	131.01	131.63	128.44	125.30	133.68	124.72	125.88	127.17	127.90	125.02	121.32	126.01	122.22	127.60	127.26	128.33	124.73	126.16	131.88	127.86	120.71	125.76	125.90	123.45	124.43	121.43	117.49	120.77	124.75	124.76
2015年2月	133.07	139.31	129.28	132.58	133.76	129.66	126.34	134.64	125.59	126.47	128.26	128.65	126.05	121.83	126.90	122.89	128.77	128.80	129.34	125.98	127.17	133.34	129.01	121.39	127.02	127.09	124.21	125.60	122.23	117.90	125.60	125.75	125.76
2015年3月	136.15	140.69	132.03	136.43	138.82	132.46	129.09	135.88	128.35	128.52	131.38	131.60	129.43	124.24	130.14	125.51	131.47	132.80	131.58	128.60	129.81	135.60	132.62	123.57	129.29	129.97	126.69	128.50	125.03	119.09	129.03	128.40	128.94
2015年4月	135.34	138.41	131.57	136.99	138.48	132.02	128.80	135.09	128.06	129.38	131.17	131.15	129.42	124.19	130.07	125.75	131.55	132.85	130.74	127.71	129.63	134.33	132.60	123.61	129.06	129.42	126.54	128.22	125.18	118.61	129.16	128.19	128.90
2015年5月	134.30	136.63	130.38	135.34	136.36	130.55	127.48	133.31	126.77	128.16	129.89	129.02	127.83	123.28	128.82	124.47	130.91	132.95	130.20	126.25	128.30	132.70	131.19	122.53	128.15	129.97	125.30	126.55	123.57	117.83	126.92	126.74	127.35
2015年6月	135.69	139.35	131.58	136.40	137.10	131.52	128.40	135.42	127.65	129.08	130.90	130.97	128.32	124.05	129.73	124.85	130.58	130.99	129.33	127.45	129.40	134.31	133.22	123.38	127.54	129.08	126.14	127.44	124.01	118.50	127.64	127.71	128.07
2015年7月	137.58	142.90	133.21	137.98	139.48	133.33	130.04	137.03	129.14	130.55	132.51	132.70	129.67	125.23	131.31	126.17	130.30	131.33	130.66	129.61	129.17	136.33	133.75	124.81	127.83	130.19	127.56	127.30	125.43	119.36	127.91	129.44	129.67
2015年8月	137.35	144.68	131.85	136.86	138.22	131.91	128.39	136.99	127.55	128.63	130.86	131.12	127.54	123.27	129.11	124.19	133.97	133.54	131.02	129.47	129.40	135.79	131.54	122.84	127.89	129.19	125.91	127.70	123.14	118.29	127.69	127.82	127.68
2015年9月	138.51	147.50	131.87	138.00	138.86	131.85	128.16	137.13	127.18	128.08	130.64	130.50	126.62	122.56	128.11	123.99	130.79	130.36	130.56	129.42	129.40	135.85	130.63	122.54	127.79	129.38	125.74	127.70	122.90	117.87	127.60	127.69	127.99
2015年10月	137.41	144.94	131.09	136.42	138.07	131.16	127.65	135.42	126.63	127.63	130.05	130.05	126.35	122.17	127.70	123.66	130.13	130.36	129.89	129.33	129.68	134.76	130.11	122.01	127.89	127.97	125.26	127.15	122.32	117.37	127.04	127.09	127.02
2015年11月	138.90	145.89	132.99	138.45	141.18	133.99	129.99	137.31	128.74	129.85	132.19	132.43	123.98	123.98	130.54	125.50	132.11	131.58	131.02	129.42	129.68	137.06	132.85	123.58	130.51	130.38	127.02	129.25	124.51	118.45	129.75	129.08	129.25
2015年12月	137.82	145.89	131.50	136.65	139.28	131.99	128.00	136.56	127.05	128.06	130.46	130.69	127.02	122.00	128.23	123.89	130.77	130.82	130.66	129.11	129.05	135.93	130.71	121.76	127.50	127.97	125.40	127.56	122.51	117.17	127.43	127.09	127.39
2016年1月	137.19	147.74	131.50	135.75	138.47	130.93	126.68	135.89	125.63	125.69	129.22	129.06	127.02	122.00	125.63	122.69	129.67	130.82	130.35	128.79	127.95	135.31	130.66	121.76	125.87	130.80	127.02	127.56	122.56	117.17	129.75	129.89	129.25
2016年2月	136.21	146.67	130.19	134.44	138.47	130.95	125.99	135.88	124.67	125.15	127.94	127.94	123.42	122.00	125.06	122.04	128.59	127.49	128.35	128.08	126.66	134.33	132.06	119.53	125.87	127.06	123.35	125.25	120.98	115.97	125.49	125.34	125.98
2016年3月	134.25	142.22	128.95	133.29	136.90	129.49	126.94	134.66	123.84	124.36	126.94	126.84	121.78	119.55	125.06	121.57	127.38	126.49	127.14	126.39	125.37	132.51	126.34	118.80	125.04	125.64	122.53	125.16	120.09	115.38	125.16	125.34	124.83
2016年4月	132.48	142.22	127.68	133.55	135.43	128.85	124.62	133.71	122.31	124.36	124.95	125.95	121.78	119.08	124.36	121.60	125.66	124.63	125.41	124.57	123.72	130.48	124.33	117.56	123.33	124.04	122.53	124.24	118.54	115.38	124.05	124.24	124.06
2016年5月	132.12	140.90	126.04	133.53	133.43	126.40	123.08	129.99	121.79	122.20	124.46	124.95	121.78	117.77	122.85	120.19	125.16	124.61	124.74	124.48	122.51	129.98	123.80	117.36	122.85	123.85	121.20	122.66	117.99	113.93	122.41	122.68	122.54
2016年5月	132.12	140.90	125.62	131.53	133.19	124.94	122.54	124.99	121.20	122.20	124.46	124.95	121.78	117.24	122.98	120.19	123.54	124.61	124.74	124.48	122.51	129.98	123.80	117.36	122.85	123.85	120.75	122.62	117.99	113.93	122.58	122.44	122.02
2016年6月	130.27	139.02	123.86	129.98	131.90	124.94	120.95	127.77	120.21	120.51	123.23	122.65	119.70	115.61	120.33	119.19	123.54	123.14	122.97	122.97	121.85	128.78	121.90	115.80	121.41	120.30	119.26	120.87	116.78	112.63	121.32	120.93	120.54

续表

行业\年月	1	2	3	4	5	6	7	8	9	10	11	12	13	14	15	16	17	18	20	21	22	23	24	25	26	27	28	29	30	31	32	33	34
2016年7月	128.33	136.44	122.43	128.71	130.58	123.81	119.77	125.54	118.95	119.30	121.22	121.95	118.78	114.21	119.16	118.39	122.24	122.17	121.63	121.43	120.82	126.81	120.79	114.56	120.46	121.11	118.16	119.62	116.00	111.11	120.48	119.84	119.63
2016年8月	127.76	136.37	121.73	127.92	129.62	123.22	119.10	124.93	118.11	118.34	120.19	121.01	117.83	113.33	118.04	118.05	121.50	120.99	120.88	120.53	120.08	126.17	119.55	113.91	119.60	120.37	117.51	118.80	115.41	110.82	119.65	119.09	118.87
2016年9月	127.56	136.39	121.51	127.64	129.43	123.00	118.88	124.61	117.82	118.12	120.00	120.81	117.51	113.06	117.86	117.80	121.26	120.72	120.63	120.28	119.88	125.90	119.27	113.63	119.29	120.08	117.25	118.53	115.10	110.44	119.37	118.86	118.60
2016年10月	127.12	134.87	121.99	128.14	129.53	123.05	119.07	124.02	118.07	118.54	120.27	121.16	118.06	113.29	118.43	117.87	121.37	121.21	120.62	120.32	120.34	125.76	120.20	113.88	119.74	120.28	117.48	118.68	115.45	110.07	119.85	119.18	119.05
2016年11月	127.65	135.07	122.00	129.24	130.62	123.31	119.31	124.54	118.39	119.07	120.94	121.85	118.50	113.51	119.17	117.64	121.76	121.80	121.02	120.70	120.54	126.31	121.21	113.77	120.11	120.53	117.51	118.89	115.35	109.55	119.98	119.39	119.25
2016年12月	127.97	134.29	122.82	130.76	131.66	123.71	119.92	125.01	119.20	120.27	122.17	123.07	119.67	114.42	120.73	117.71	122.48	123.34	121.79	121.04	121.41	126.81	123.26	114.45	121.08	121.22	118.08	119.58	115.87	109.19	120.92	120.13	120.06

参考文献

戴觅、施炳展，2013，《中国企业层面有效汇率测算：2000—2006》，《世界经济》第5期。

黄薇、任若恩，2008，《中国价格竞争力变动趋势分析：基于单位劳动成本的实际有效汇率测算研究》，《世界经济》第6期。

倪红福，2017，《全球价值链人民币实际有效汇率：理论、测度及结构解析》，《管理世界》第7期。

牛华、宋旭光、马艳昕，2016，《全球价值链视角下中国制造业实际有效汇率测算》，《上海经济研究》第5期。

盛斌、张运婷，2015，《全球价值链视角下的中国国际竞争力：基于任务与产品实际有效汇率的研究》，《世界经济研究》第2期。

肖立晟、郭步超，2014，《中国金融实际有效汇率的测算与影响因素分析》，《世界经济》第2期。

徐建炜、田丰，2013，《中国行业层面实际有效汇率测算：2000—2009》，《世界经济》第5期。

徐奇渊、杨盼盼、刘悦，2013，《人民币有效汇率指数：基于细分贸易数据的第三方市场效应》，《世界经济》第5期。

张运婷，2014，《附加值实际有效汇率——结合全球价值链测算中国国际竞争力新方法》，《现代管理科学》第10期。

Armington, P. A., 1969, "A Theory of Demand for Products Distinguished by Place of Production", *International Monetary Fund Staff Papers*, Vol. 6, No. 1.

Bayoumi, T., J. Lee and S. Jayanthi, 2006, "New Rates from New Weights", *International Monetary Fund Staff Papers*, Vol. 53, No. 2.

Bayoumi, T., M. Saito and J. Turunen, 2013, "Measuring Competitiveness: Trade in Goods or Tasks?" *IMF Working Paper*, No. 13.

Bems, R. and R. Johnson, 2017, "Demand for Value Added and Value-Added Exchange Rates", *American Economic Journal: Macroeconomics*, Vol. 9, No. 4.

Bems, R. and R. Johnson, 2012, "Value-Added Exchange Rates", *NBER Working Paper*, No. 18498.

Buldorini, L., S. Makrykakis and C. Thimann, 2012, "The Effective Exchange Rates of The Euro", *Occasional Paper Series*, No. 2, European Central Bank, Frankfurt.

Daudin, G., C. Rifflart and D. Schweisguth, 2011, "Who Produces for Whom in the World Economy?" *Canadian Journal of Economics*, Vol. 44, No. 4.

Devereux, M. B., 1999, "Real Exchange Rate Trends and Growth: A Model of East Asia", *Review of International Economics*, Vol. 7, No. 3.

Feenstra R., 1998, "*Integration of Trade and Disintegration of Production in the Global Economy*", *Journal of Economic Perspectives*, Vol. 12, No. 4.

Hummels, D., J. Ishiib and K. Yi, 2001, "The Nature and Growth of Vertical Specialization in World Trade", *Journal of International Economics*, Vol. 54, No. 1.

Johnson, R., 2014, "Five Facts about Value-Added Exports and Implications for Macroeconomics and Trade Research", *Journal of Economic Perspectives*, Vol. 28, No. 2.

Klau, M. and S. S. Fung, 2006, "The New BIS Effective Exchange Rate Indices", *BIS Quarterly Review*.

Koopman, R., W. Powers, Z. Wang and S. J. Wei, 2010, "Give Credit Where Credit is Due: Tracing Value-added in Global Production Chains", *NBER Working Paper*, No. 16426.

Koopman, R. Z. Wang and S. J. Wei, 2008, "How Much of Chinese Export is Really Made in China? Assessing Domestic Value-Added When Processing Trade is Pervasive", *NBER Working Paper*, No. 14109.

Koopman, R., Z. Wang and S. J. Wei, 2012a, "Estimating Domestic Content in Exports When Processing Trade is Pervasive", *Journal of Development Economics*, Vol. 99, No. 1.

Koopman, R., Z. Wang and S. J. Wei, 2012b, "The Value-added Structure of Gross Exports and Global Production Network", Paper for Presentation at the Final WIOD Conference Causes and Consequences of Globalization, April 24 – 26.

Koopman, R., Z. Wang and S. J. Wei, 2014, "Tracing Value-Added and Double Counting in Gross Exports", *The American Economic Review*, Vol. 104, No. 2.

Krugman, P., R. N. Cooper and T. N. Srinivasan,

1995, "Growing World Trade: Causes and Consequences", *Brookings Papers on Economic Activity*, Vol. 1995, No. 1.

Lejour, A., H. Rojas-Romagosa and P. Veenendaal, 2012, "The Origins of Value in Global Production Chains", *Final Report for DG Trade*, European Commission, May.

Lynch, B. and S. Whitaker, 2004, "The New Sterling ERI", *Bank of England Quarterly Bulletin*, Winter.

MacDonald, R. and L. A. Ricci, 2005, "The Real Exchange Rate and the Balassa-Samuelson Effect: The Role of the Distribution Sector", *Pacific Economic Review*, Vol. 10, No. 1.

McGuirk, A., 1987, "Measuring Price Competitiveness for Industrial Country Trade in Manufactures", *IMF Working Paper*, No. 34.

Patel, N., Z. Wang and S. J. Wei, 2014, "Global Value Chains and Effective Exchange Rates at the Country-Sector Level", *NBER Working Papers*, No. 20236.

Timmer, M., 2012, "The World Input-Output Database (WIOD): Contents, Sources and Methods", *WIOD*

Working Paper, No. 10.

Timmer, M., A. A. Erumban, B. Los, R. Stehrer and G. de Vries, 2012, "New Measures of European Competitiveness: A Global Value Chain Perspective", *WIOD Working Paper*, No. 9.

Timmer, M., A. A. Erumban, B. Los, R. Stehrer and G. de Vries, 2014, "Slicing Up Global Value Chains", *Journal of Economic Perspectives*, Vol. 28, No. 2.

Timmer, M. P. et al., 2015, "An Illustrated User Guide to the World Input-Output Database: The Case of Global Automotive Production", *Review of International Economics*, Vol. 23, No. 3.

Turner, P. and J. Van't dack, 1993, "Measuring International Price and Cost Competitiveness", *BIS Economic Papers*, No. 39.

杨盼盼，经济学博士，中国社会科学院世界经济与政治研究所副研究员，全球宏观经济研究室副主任，中国金融四十人青年论坛会员，"中美富布赖特联合培养博士研究生项目"访问学者。主要研究领域包括国际金融和全球治理，关注全球价值链在开放宏观领域的应用研究。近年来在《经济研究》、《世界经济》、《经济学》（季刊）、《金融研究》、China and World Economy, Review of Income and Wealth 等学术期刊发表论文多篇，部分论文被《中国社会科学文摘》《新华文摘》《中国人民大学复印报刊资料》等转载。

李晓琴，管理科学与工程博士，长期从事中国投入产出可比序列表构建及其他中长期宏观经济核算工作，参与并出席了多届 World KLEMS, Asia KLEMS 以及 WIOD 会议及相关工作，在《世界经济》等学术期刊发表论文数篇，参与《中国全要素生产率的行业分析与国际比较——中国 KLEMS 项目》《固定收益证券手册》等专著、译著的编著工作。除学术工作外，也曾在 Conference Board，Wood Mackenzie 等智库及商业研究、咨询机构担任经济学家，负责中国及亚太地区的宏观经济分析工作。

徐奇渊，中国社会科学院世界经济与政治研究所研究员、经济发展研究室主任。2011 年被教育部和国务院学位委员会授予全国优秀博士学位论文，入选 2016 年中组部"万人计划"青年拔尖人才。兼任中国世界经济学会常务理事、新华社第四批特约观察员、财政部国际经济关系司国际财经问题顾问、商务部中商智库高级研究员、国家统计局经济景气监测中心"中国百名经济学家信心调查特邀专家"、中国金融四十人青年论坛召集人、北京大学海上丝路研究中心高级研究员、澳门城市大学特聘教授。在学术期刊发表论文五十多篇，出版学术专著 5 部、译著 2 部。